Petits moments de solitude

ISBN : 978-2-810-00857-5

16 rue Vézelay – 75008 Paris

www.editionsdutoucan.fr

Nadège Fougeras
Johanna de Beaumont

Petits moments de solitude

Gaffes et autres situations cocasses

éditions du
Toucan

À tous les gaffeurs.
Heureusement qu'ils sont là,
on rirait moins sinon.

DICTIONNAIRE *LE ROBERT*

« Moment de solitude », définition :

Situation où une personne se couvre de honte ou de ridicule en public en raison de la survenue d'un événement impromptu ou fâcheux pour elle.

MODE D'EMPLOI

Disons-le tout de go, *Petits moments de solitude* est un livre pour les lieux d'aisance ou les transports en commun.

Il est donc formellement interdit de le lire d'une traite : ce serait totalement indigeste.

Pour l'apprécier, il faut le picorer.

On l'ouvre au hasard, et on lit une histoire par-ci, par-là…

Pas plus.

AVANT-PROPOS

L'idée de faire ce livre a commencé le jour où j'ai garé mon caddie de supermarché devant la maison en pensant être en voiture.

Après une semaine bien chargée de présentation des budgets, fin de trimestre sur les rotules, trois enfants en bas âge, un mari en voyage, un dîner de copains qui s'est terminé à 2 heures du mat', l'achat du vingt-cinquième cadeau de Noël… mon frigo est vide.

Trop tard pour faire une livraison par internet. Trop tard pour la livraison du *Franprix* à côté. Je me retrouve donc, un vendredi soir, à 19 h 30 devant chez moi, le caddie plein à craquer. Et je me dis : *Chouette, il y a une place devant la maison.*

Et je fais un créneau.
Avec mon caddie.
Devant ma voisine.
Qui me regarde me « garer ».
Je me suis dit que dans la vie, chacun a son petit moment de solitude.
Depuis, j'ai demandé à plein de gens de me raconter le leur.

Et puis, un jour, j'ai rencontré Johanna, sympathique gaffeuse devant l'Éternel et éditrice aux Éditions du Toucan.

On s'est dit : *Pourquoi ne pas en faire un vrai livre ? Et l'écrire ensemble. C'est bien plus drôle à deux.*

Une étude très sérieuse nous a appris qu'on riait dix-huit minutes par jour dans les années 1950 et six minutes seulement aujourd'hui. Il fallait faire quelque chose.

On espère que ce petit ouvrage léger vous fera rire… ou tout du moins sourire !

Nadège Fougeras

NB : Toutes ces histoires sont vraies. Seuls les prénoms, les circonstances et les lieux ont été modifiés.

Peut-être vous reconnaîtrez-vous parfois.

Racontez-nous
votre petit moment de solitude à l'adresse :
petitmomentdesolitude@gmail.com

LES JOIES DE L'E-MAIL

Le petit moment de solitude de Louise, 43 ans

Paul :

— Louise, ça fait six mois qu'on n'a pas fait de dîner, c'est la cata, il va falloir qu'on rende toutes ces invitations. Je suis à la bourre, on en parle ce soir.

Mon mari m'embrasse et s'engouffre dans l'ascenseur.

Il est 8 h 12, je suis en train d'attacher l'écharpe de Léon, de vérifier que le carnet de correspondance de Nicolas est bien dans son cartable, que Violette a pris son sac de sport. Heureusement Emma est partie en métro toute seule à 7 h 50.

— *Vite, vite, grouillez-vous, on va être en retard.*

8 h 29. Ouf, tout le monde est casé. Enfin seule.

Je vous fais grâce de la matinée de rangement du petit déjeuner, vidage de la troisième machine, ramassage de chaussettes dépareillées et autres courses pour remplir le frigo.

À midi, devant la télé avec ma tranche de jambon et le Philadelphia *cream cheese* que je mange par tonnes, je me dis qu'il faut que je m'en occupe, de ce foutu dîner.

Six mois, ça fait effectivement six mois qu'on n'a pas fait de dîners à la maison. Paul a raison. Pourtant, on a été invités plein de fois, et moi, je ne bosse pas, alors, je devrais avoir le temps de recevoir. Je ne sais pas comment font toutes ces filles qui travaillent comme des folles, avec plusieurs enfants et un mari qui travaille comme un fou, pour avoir un appart toujours nickel et organiser un dîner en semaine. À mon avis, elles s'occupent mal de leurs enfants (ou de leur mari). Et toc ! Ça me fait du bien de dire ça.

Dans tous les dîners qu'on a à « rendre » (décidément, je déteste cette expression), il y a celui des parents de l'école… (Les parents des copains de nos enfants. Indispensable pour voir qui nos enfants fréquentent, important pour montrer qu'on est des gens sympas, et finalement, assez cools comme dîners.) C'est celui-là, la priorité numéro un.

Je prends les devants et décide d'envoyer un mail à Paul.

Je m'installe devant l'ordinateur. Heureusement que les enfants ont tout paramétré, je n'y connais rien. Je sais aller sur internet et ouvrir mon mail. Point barre. Dépassée. J'ai l'impression d'être toujours en dehors du coup. Je ne parle même pas de Facebook, ça me donne un coup de vieux dès que j'entends ce mot. Et il paraît que c'est déjà passé de mode.

J'ouvre donc Gmail, je reprends le dernier message ouvert, et j'écris à Paul.

Objet : Dîner qui nous saoule.

Mon cœur,

On est tellement à la masse qu'il faut commencer par le dîner des parents de l'école.

Il faut inviter les Carrière. Elle, elle est un peu coincée mais c'était sympa de nous inviter avec les Sormand, moi qui rêvais de les connaître.

Les Drieux, ils sont snobs comme des pots de chambre, mais on ne peut pas ne pas les inviter, sinon Marie-Alix va me péter un sketch et je la vois tous les matins, ça me fatigue d'avance.

Max et Lili Lou, qui se la jouent tellement cools, mégabobos gauche caviar, on est obligés de les inviter, ça fait trois fois qu'on a été dîner chez eux.

Et puis il faut un quatrième couple, comme ça, je ne fais qu'un seul dîner, et on rend toutes les invits' d'un coup.

Tu préfères les Rochefort ? (Même si lui ne fait aucun effort à ces dîners. On dirait qu'il se fait chier à chaque fois.)

Ou les Pastor ? (Elle cuisine hyper mal, mais elle est sympa.)

Ou les Paratier ? (Ils sont à l'ouest, mais pas méchants.)

Dis-moi.

XXX

Loulou

Et hop ! Je clique sur « Envoyer ».

Réponse cinq minutes plus tard :

Bonjour Louise,

C'est Marie-Alix, celle qui est snob comme un pot de chambre et qui pète des sketchs.

Bien joué, Louise. Tu viens de mettre en copie de ce mail tous les parents de la classe. Vaut mieux éviter le « Reply to all » pour ce type de mails à son chéri.

Good luck pour tout rattraper, my dear.

M.-A.

FAIT MAISON

Le petit moment de solitude d'Antoine, 28 ans

Je suis preneur de son, et je dois tourner un sujet en province, un samedi. Mon boss et sa femme, qui ont une maison près du lieu de tournage, m'invitent à venir déjeuner avant le reportage. Nous sommes tous les trois à table, je suis un peu tendu, assez impressionné, je ne suis pas habitué à être convié chez le directeur de la maison de production pour laquelle je travaille depuis un an. Je me tends encore plus quand je vois arriver l'entrée : une bouchée à la reine. C'est précisément la chose que je déteste le plus, rien que de la regarder, je ressens un profond haut-le-cœur. *« C'est fait maison ! »* lance fièrement la femme de mon boss. Je bois une longue gorgée de vin pour me donner du courage. Puis elle s'éclipse dans la cuisine « découper le gigot ». Et appelle vite son mari à la rescousse pour l'aider.

C'est ma chance. J'observe, je balaie la pièce du regard : la salle à manger donne sur un grand jardin avec des bosquets d'hortensias. Il n'y a pas de chien pour me « rapporter la balle » (je pense à tout !).

Ni une ni deux, sans quitter la table, je saisis la bouchée à la reine – je l'empoigne littéralement, dirais-je –, et de toutes mes forces je la balance vers le bosquet d'hortensias.

Sauf.

Sauf que je n'avais pas vu la baie vitrée séparant la salle à manger du jardin.

Et que ma bouchée à la reine se retrouve explosée sur la vitre immaculée, qu'elle est en train de glisser, lentement, lentement, dégoulinant vers le sol…

LA MAIN DANS LE SAC

Le petit moment de solitude de Bernadette, 52 ans

Il m'arrive d'être un peu distraite.

Je ne suis pas très bien organisée, c'est vrai. J'oublie les choses importantes, souvent. Mais j'aime vivre dans le bordel. Je suis une artiste. Même si ça me fait toujours bizarre de dire ça. Je suis une artiste, catégorie actrice de théâtre.

Un jour, je reçois en cadeau une énorme boîte de chocolats. De *La Maison du chocolat*, une merveille. Une boîte de 1,5 kg.

Je suis fan de chocolats, mais pas tous. Et comme on ne sait jamais ce qu'il y a à l'intérieur d'un chocolat quand ils sont tous mélangés dans une grande boîte, j'ai une technique. Je les croque, juste pour voir. Au cas où je tomberais sur un chocolat à l'alcool, ou avec une cerise dedans, ou s'ils sont à la pistache (je déteste).

J'ouvre la boîte, je croque dans un chocolat. Délicieux. J'en prends un deuxième, mais il y a une pâte bizarre, alors, discrètement, je le remets dans la boîte, même si j'ai croqué dedans. Le troisième est un délice, avalé direct. Le quatrième est à la pâte d'amandes, zut, je n'aime pas non plus. Je remets la moitié dans la boîte discrétos.

On verra plus tard, ça plaira sûrement à Michel, de toute façon, il aime tout, il n'a pas de palais. Je ne vais quand même pas jeter un chocolat de cette qualité.

Et puis je m'arrête, parce que sinon, je vais finir la boîte.

Et je file au théâtre pour répéter mon texte.

J'y passe tout l'après-midi, je suis plongée dans l'ambiance de cette pièce du XVIIe siècle qui me plaît. J'oublie tout quand je suis sur les planches, même en répétition. J'ai l'impression de vivre une autre vie. Que j'aime mon métier ! Et que j'aimerais vivre à cette époque !

Je suis tellement dans mon personnage que j'en oublie qu'on a un dîner chez des gens pas drôles du tout ce soir. Ce n'est évidemment pas moi qui ai accepté ce dîner, c'est Michel. Il a le don de se coller un tas d'obligations. Et ce soir, nous dînons chez un de ses clients. « On est o-bli-gés, tu-te-rends-pas-compte, c'est très important pour moi. » Blablabla. « Mets une belle robe. »

Il est 19 heures, je suis encore en robe à crinoline avec une perruque dans le 10e arrondissement, et on a un dîner à 20 h 30 dans le 7e arrondissement et je dois repasser à la maison. C'est mal barré.

Je quitte le théâtre en courant, je m'engouffre dans le métro. En arrivant à la maison, je fonce sous la douche, deux minutes plus tard, j'enfile une petite robe noire. Je prends ma trousse de maquillage.

J'arrive à 20 h 45 avenue Élisée-Reclus, Michel est là. Nous montons dans l'ascenseur. Ouf.

Superbe appartement avec vue sur la tour Eiffel. Lucie, magnifique dans une robe couture. Arthus, dans son costume sur mesure. Appartement sublimement décoré : lampes Noguchi, fauteuils Mies van der Rohe, bougies Diptyque, et tout le toutim.

Et là, je réalise que Michel a dans la main le sac de *La Maison du chocolat*... Il a dû passer par la maison en rentrant du bureau, le prendre en pensant que je l'avais acheté pour ce soir…

Moment d'apnée, je réalise que dans la boîte il y a tous les chocolats que j'ai à moitié croqués.

Trop tard. Le sac est déjà dans les mains de Lucie qui s'extasie.

— *La Maison du chocolat*, dites donc, vous nous gâtez.

Je passe l'apéritif à lorgner la boîte qui est sur la console de l'entrée. Impossible de m'intéresser aux discussions autour de moi.

On passe à table.

J'ai une idée lumineuse. Je vais me lever discrètement pour aller « me laver les mains » et quand tout le monde sera dans la salle à manger, ni vu ni connu, je fonce vers la boîte, j'avale mes demi-chocolats (tant pis, parfois, il faut prendre sur soi). Puis, je réorganiserai les chocolats à l'intérieur pour que cela ne se voie pas trop.

Plan parfait. Pendant que tout le monde s'installe, je fonce dans l'entrée, j'ouvre la boîte, je m'enfile les deux demi-chocolats d'un coup, et au moment où j'ai les mains dans le sac pour réorganiser les chocolats, Arthus débarque avec une bouteille de vin.

— Une petite fringale de chocolats avant de passer à table, Bernadette ? T'inquiète, on comptait les offrir après le dîner tes chocolats, on ne t'en aurait pas privé !

LE TEXTO DE TROP

Le petit moment de solitude d'Étienne, 50 ans

Un couple de gens chez qui je fais souvent du baby-sitting s'est offert un week-end en amoureux pour essayer de recoller les morceaux, après une année de couple un peu difficile. J'ai souvent les confidences de Sibylle, la maman, qui trouve « qu'il y a un truc qui cloche chez son mari mais elle ne sait pas quoi ». Je gardais leur bébé pendant cette escapade, et le dimanche soir, les voilà de retour chez eux à Paris. Sibylle arrive, visiblement assez contente de ce week-end de réconciliation, elle m'en touche deux mots pendant que son mari est parti garer la voiture. Et soudain, elle reçoit sur son portable un SMS de celui-ci :

> Mon trésor, tu m'as tellement manqué, hâte d'être dans tes bras. Ça va toi, tu as passé un bon week-end ?

Gloups.

Quelques secondes plus tard, Étienne arrive, après avoir garé la voiture… Il trouve sa femme ivre de rage, brandissant le texto.

Bon, ben, je vais devoir vous laisser. Je m'éclipse habilement.

DEBRIEFING

Le petit moment de solitude d'Odette, 71 ans

On peut dire que je suis une vraie gentille.

J'ai passé ma vie à m'occuper de tout le monde. D'abord d'André, mon mari et de mes cinq enfants. Je suis bénévole dans une association de personnes (très) âgées, je restaure des tableaux et on dit de moi que je suis un cordon-bleu.

J'habite dans une jolie maison, assez isolée dans la banlieue de Nantes.

Quand ils étaient petits, mes enfants allaient à l'école à vingt minutes en voiture, j'ai donc été taxi pendant des années : cinq enfants, trois écoles et une ou deux activités par enfant, ça en a fait des conduites.

C'est ainsi que je suis devenue amie de Valérie et Maxime Panard, mes voisins. Un couple charmant et haut en couleur. Ils avaient deux enfants, qui avaient les mêmes âges que les miens.

Les enfants sont devenus très vite amis, et Valérie et moi, aussi. On s'est partagé les conduites, les organisations d'anniversaires, les soirées pyjamas.

Puis, les enfants ont grandi, ils sont partis, on s'est un peu moins vus, mais on est toujours restés de bons voisins, et avec Valérie, on arrivait quand même à se prendre des petits thés de temps en temps.

Quand son fils Alex s'est marié, on a bien évidemment été invités aux noces.

Le mariage a eu lieu en Normandie, dans une jolie maison à colombages, et on s'est retrouvés dans le même gîte que les parents Panard, juste à côté de la réception, avec tous les enfants, et même les petits-enfants.

Mariage champêtre, grand buffet campagnard, la mariée était jolie, sans plus, le marié, un peu étriqué dans son costume, mais ils étaient heureux ! Ça dansait, ça chantait, ça buvait, ça riait… Vers 1 heure du matin, on commençait à fatiguer. Les parents du marié aussi. On s'est dit qu'il était temps de rentrer. Il fallait laisser les jeunes « s'éclater ».

Nous avons donc quitté ensemble la soirée, avec Maxime et Valérie, pour regagner notre gîte juste à côté.

— Merci ma chère Valérie, quel mariage extraordinaire ! Alex est tombé sur une perle, elle a l'air adorable. Et quelle ambiance, tout était parfait ! Bravo pour cette organisation, nous avons passé une soirée divine. Bonne nuit à tous les deux, vous l'avez bien méritée. Vite, vite, je file libérer la baby-sitter des enfants, je vais voir si tout le monde dort bien.

On a filé avec mon mari dans la chambre de notre petit-fils, qui dormait profondément dans son berceau. Il était déjà presque 2 heures du matin : jamais nous ne sommes restés aussi longtemps à un mariage, nous étions épuisés.

Et là, je me suis un peu lâchée, juste un peu, comme on peut le faire, quand on est fatigué après un mariage.

Moi qui n'ai jamais fait de mal à une mouche, et qui suis incapable de dire du mal de quelqu'un, je me suis laissée emporter…

— Enfin ! C'est terminé ! Je n'en pouvais plus. Jamais vu un mariage aussi mal organisé.

On est restés trop longtemps debout au cocktail, le vin était atroce, j'ai mal au crâne (en même temps, ça ne m'étonne pas, les Panard ont toujours été un peu radins). La femme d'Alex, ouh là là… elle a un sale caractère, ça se voit tout de suite. Il ne va pas rigoler tous les jours. Et la robe de Valérie, qu'est-ce qui lui est passé par la tête avec ce chapeau ridicule ? Elle a voulu faire sa bourgeoise ? Je ne parle pas de Maxime, qui de toute façon ne dit jamais rien. Remarque, maintenant que j'y pense, Alex, il a un peu épousé sa mère…

Pendant ce temps, dans le salon du gîte, Valérie et Maxime prennent un dernier verre, et suivent de très près cette conversation car le babyphone des enfants est encore branché dans la chambre et le haut-parleur est dans le salon.

UN PHOTOGRAPHE PEUT EN CACHER UN AUTRE

Le petit moment de solitude de Jeanne, 26 ans

Je travaille depuis quelques semaines comme graphiste pour un magazine mensuel, en directe collaboration avec le directeur artistique. Nous sommes installés en *open space* avec la rédaction. En fin de matinée, le téléphone fixe de Vincent, le directeur artistique, sonne, et, comme d'habitude, lorsqu'il s'absente, c'est moi qui décroche.

— *Bonjour, c'est Samia au standard, j'ai un rendez-vous qui est arrivé pour Vincent, un photographe qui s'appelle Thierry Boulet, je le fais monter ?*

M'adressant aux filles de la rédaction, je leur demande aussitôt :

— *Vous savez où est parti Vincent, il y a en bas au standard un photographe qui s'appelle Thierry Boulet qui a rendez-vous avec lui ? Je le fais monter ?*

Sur ce, les deux filles de la rédaction gloussent, et me disent :

— *Pitié, ne le fais pas monter, il est trop lourd, on va se le coltiner pendant des heures, il nous raconte sa vie à chaque fois, dis plutôt au standard de le faire attendre…*

J'obtempère aussitôt.

Quelques instants plus tard, alors que je suis absorbée par une maquette sur mon poste de travail, arrive Vincent, le DA, suivi d'un ami. Je lui lance aussitôt :

— *Ah, Vincent, te voilà ! Je te cherchais. Il y a un photographe au standard, un type qui s'appelle Thierry Boulet, qui a rendez-vous avec toi. Comme c'est un gros lourd, paraît-il, je ne l'ai pas fait monter. Les filles m'ont fait des grands signes et m'ont dit de le faire patienter en bas.*

— *Mais enfin, Jeanne, qu'est-ce que tu racontes ? (Il est visiblement surpris et son ami aussi.)*

— *Je te dis qu'il y a un gros lourd en bas, qui s'appelle Thierry Boulet, un mec chiant qui raconte sa vie à chaque fois, les filles m'ont dit « NON, NON, laisse-le au standard » en faisant des grimaces.*

Sur ce, le supposé ami du DA s'avance, me tend la main et me dit :

— *Bonjour… Thierry Boulet.*

La salle m'a paru alors se flouter légèrement, les deux filles ont coulé chacune leur tête derrière leur ordi. Et je n'ai eu comme seule présence d'esprit que de répondre :

— *Aaaaaahhhhh… Ça alors, c'est incroyable. C'est dingue même. Il y a deux Thierry Boulet. C'est fou… Parce que… l'autre aussi est photographe… Mais l'autre, il a une barbe, et il est beaucoup plus vieux… Ça, c'est vraiment étonnant.*

Puis j'ai légèrement fait pivoter mon siège rotatif en reprenant la maquette que j'étais en train de faire.

LA MAÎTRESSE

Le petit moment de solitude d'Odile, 29 ans

Je suis maîtresse en CE1 dans un collège près de Bordeaux. Un petit collège familial où tout le monde se connaît.

Le premier jour de la rentrée, je suis ravie de trouver dans ma classe Clara, la fille de Lucie, une de mes meilleures amies. Je ne sais pas comment je vais gérer ça, et ne pas trop la chouchouter, parce que je l'adore cette petite fille. Elle est vive et intelligente, très bien élevée, créative, et ses parents sont adorables.

C'est la première fois que ça m'arrive d'avoir dans ma classe l'enfant d'une amie. C'est bizarre, mais j'ai peur de ne pas être naturelle. Cela m'impressionne presque. C'est complètement idiot, mais c'est comme ça.

Même avec ses parents, je vais devoir gérer. J'espère qu'il n'y aura aucun problème. C'est toujours difficile de garder l'objectivité de prof quand on est avec des amis.

Mais bon, pas la peine de tergiverser, déjà la cloche sonne et tout le monde entre.

Les enfants ont bien grandi pendant les vacances. Il y en a que je connais déjà, d'autres dont j'ai eu le frère ou la sœur. Ici, tout le monde connaît tout le monde.

Je retrouve Clara, et je trouve qu'elle a mûri un bon coup pendant l'été.

Je me présente devant tous les élèves. Ils sont tous assis par terre sur le tapis devant le tableau noir et me regardent avec des grands yeux, souvent rieurs.

Que j'aime ce niveau, les enfants sont encore si naïfs, naturels et simples !

— Je suis Odile, votre nouvelle maîtresse. Je vais vous accompagner pendant toute cette année de CE1. C'est une année très importante, où nous allons apprendre plein de choses intéressantes.

À ce moment-là, Clara lève la main et dit :

— Moi aussi, mon papa, il a eu une maîtresse pendant les vacances, mais je n'ai pas le droit de le dire.

SENS DESSUS DESSOUS

Le petit moment de solitude de Jo, 28 ans

Nous sommes jeunes mariés, et dans notre immeuble, juste au-dessus de notre appartement, il y a un jeune couple également. On se croise, on se dit qu'il faut qu'on se fasse visiter nos apparts, qu'on prenne un verre tous les quatre ! Et puis, un jour, ils prennent les devants et nous proposent un verre avant le dîner. Ce soir-là, je n'ai pas déjeuné, je sors tard du bureau, je rejoins directement mon mari qui est déjà chez nos voisins. Sur place, il y a aussi une autre voisine, un peu plus âgée que nous tous, qui est très drôle. On boit un petit verre, puis un deuxième, je sens, comme je suis à jeun, que la tête commence à me tourner un peu. On plaisante, on rigole un peu de tout, de rien.

Je suis… plus que détendue maintenant ! La conversation porte alors sur une autre des voisines de l'immeuble, une célibataire qu'on qualifie vite de « nympho » en se moquant un peu, car elle change de partenaires souvent et surtout parce qu'elle a la particularité d'être très expressive durant ses ébats. Tout à fait détendue maintenant après un troisième petit verre de blanc, je mets un peu de sel à la conversation…

— *C'est pas possible, elle en fait des tonnes, je suis sûre qu'elle laisse ses fenêtres ouvertes exprès pour que toute la cour l'entende. Ça fait caisse de résonance. On n'a pas idée de hurler comme ça. Faut dire c'est tellement sonore cet immeuble.*

Je m'adresse alors à mon mari :

— *Hein, c'est comme notre voisin du dessus, qui se mouche, on n'a pas idée. On entend tout par les canalisations, c'est bizarre, il se mouche vraiment comme un gros porc, il doit avoir des tonnes de morve dans le pif, celui-là !*

Grand silence et mon mari a les yeux ouverts gros comme des billes.

— *Ben quoi, toi aussi tu trouves que c'est un gros porc, pas vrai ?*

Mon pauvre mari semblait vraiment interloqué, quand soudain une voix à côté de lui lance :

— *Heu en fait, c'est moi le gros porc dont tu parles ?*

Et là, soudain je prends conscience avec effroi que je suis dans l'appartement du voisin du dessus.

— *Du dessous, du dessous, du dessous, je voulais dire l'appartement du dessous…*

RECYCLAGE RATÉ

Le petit moment de solitude d'Alexia, 25 ans

On ne reçoit pas toujours les cadeaux de mariage dont on rêve. On a beau déposer une liste dans un grand magasin, il y a toujours des gens qui vont vouloir apporter leur touche personnelle à votre déco de jeunes mariés. Soupière inutile, vase improbable, dessous-de-plat qui semble avoir été fait par un élève de CP, ou encore objet totalement non identifié dont on se demande si c'est un plat, un saladier, un vase, ou un bocal à poissons.

Tous ceux qui se sont mariés vont repenser à un cadeau mythique qu'ils ont reçu, et là, normalement, ils vont sourire.

Mais ces cadeaux pourris, on en fait quoi ? Il n'y a évidemment jamais d'étiquette ou de nom de magasin dans lequel on pourrait le renvoyer. Ces cadeaux-là ne sont pas échangeables. Alors, souvent, on les donne.

Ça fait toujours des heureux, puisqu'il y a tous les goûts dans la nature.

Et puis, si on réfléchit : si un produit a été conçu, fabriqué, vendu, c'est bien qu'il plait à quelqu'un. C'est vrai, ça, parfois, on passe devant des magasins avec des trucs horribles et immettables : il y a donc un marché pour les trucs moches.

Je me suis mariée récemment et parmi tous les cadeaux que j'ai reçus, il y avait une pelle à tarte tellement bizarre que je n'ai osé la donner à personne.

Elle a donc traîné au fond d'un tiroir pendant un an. Un jour, ma mère, qui venait déjeuner à la maison, tombe dessus, et la trouve assez jolie. Miracle.

— Moi, je la trouve moche, mais elle vient de la sœur de ma belle-mère, je n'ose pas la mettre à la poubelle. Prends-la, ça m'arrange.

Deux ans plus tard, réunion de famille chez mes parents avec toute ma belle-famille, dont la fameuse tante qui m'a offert ce cadeau.

Autant vous dire que j'avais complètement oublié cette histoire de pelle à tarte.

Maman sort le gâteau pour le dessert, prend la pelle à tarte et dit :

— Alexia a reçu ça comme cadeau de mariage, elle trouve ça trop moche, elle voulait la jeter. Elle m'a dit qu'il y avait des gens qui avaient vraiment des goûts épouvantables.

Devant la sœur de ma belle-mère.

MON CHER MARI

Le petit moment de solitude de Zoé, 37 ans

Je roule en voiture avec une de mes meilleures amies.

Le téléphone sonne, c'est mon mari.

— Salut, c'est moi. Ça va ? Juste pour te dire que ça me saoule d'aller dîner chez les Pavot. Elle est vraiment casse-couilles ta copine. Tu ne veux pas dire que je suis malade ?

Tout aurait été simple si le haut-parleur de la voiture ne s'était pas enclenché au moment où j'ai décroché. Et encore plus simple si je n'avais pas été avec cette super copine, Axelle Pavot, chez qui, justement, on devait dîner le soir même.

À ROLAND-GARROS

Le petit moment de solitude de Justine, 38 ans

Autant le dire tout de suite, je ne suis ni sportive ni franchement intéressée par tout ce qui touche au sport de près ou de loin. Mais bon, dans le cadre de mon job, j'ai été invitée par une agence de relations publiques avec laquelle je travaille à Roland-Garros. J'y ai vu l'occasion de sécher un peu le boulot en me donnant bonne conscience puisqu'il s'agissait d'entretenir des relations professionnelles, et puis j'ai surtout pensé à bronzer peinarde, vu le temps radieux qu'il faisait ! Amusant aussi de croiser quelques stars dans les loges voisines. Confortablement installée dans les premiers rangs, je regarde vaguement le match, mais me régale du spectacle dans le public. Tous ces gens qui se pavanent, le grand défilé de mode pour les photographes people, bref, c'est plutôt drôle. Le match se termine et vient l'heure du *drink*, sous une petite tente où la relation publique qui m'a conviée reçoit tous ses invités. Encore une fois, atmosphère très *show-off*. Une invitée lui sussure :

— *Ma chérie, tu es magnifique, ne change rien ; j'adore venir « à Roland » chaque année grâce à toi.*

La relation publique fait (admirablement) les présentations, trouve des amis communs à chacun, parfaite dans son job. Nous sommes un petit groupe autour d'elle. Et puis, elle lance :

— *Bon, je suis désolée, je dois vous laisser, il y a Gaël Monfils qui va jouer.*

Et moi, mielleuse, devant tout le monde :

— C'est formidable, il joue déjà à Roland-Garros ? Il a quel âge maintenant ? Tu dois être trop fière de lui !

Blanc général.

Et, pire, j'insiste :

— Il a quel âge ton fils Gaël, pour être déjà sélectionné à Roland-Garros ?

Éclats de rire.

Elle me prend gentiment la main.

— *Dis-moi que tu fais exprès, darling... Je te parle de Gaël Monfils, le joueur de tennis, le champion français.*

L'ANNIVERSAIRE-SURPRISE

Le petit moment de solitude de Maxime, 49 ans

Mon mari est un type extra. Il est hyper attentionné. Et même s'il bosse beaucoup, quand il est présent, il l'est vraiment. Cela fait plus de vingt-cinq ans qu'on est mariés, et quand je vois tous les couples qui divorcent autour de nous, je mesure ma chance. Et en même temps, je ne vois pas comment ça pourrait nous arriver. On est super bien ensemble, même si on s'engueule de temps en temps, c'est toujours superficiel et jamais grave. D'ailleurs, nos amis nous le disent tout le temps : « Les Verneuil, c'est un super couple. C'est du costaud. »

Pour mes 40 ans, Maxime m'avait organisé un anniversaire-surprise de folie. Un boulot d'enfer : il a réussi à rassembler 50 personnes dans un resto mega sympa. Avec les bons copains de toujours, la famille proche, il avait même réussi à retrouver de vieilles copines de classe. C'était incroyable. Tout était organisé aux petits oignons, ça a été une vraie fête, il a fait un discours qui en a fait pleurer d'émotion quelques-unes. D'ailleurs, je sentais que certains maris allaient se prendre une réflexion dans la voiture, au retour. Du genre : *« Maxime, c'est vraiment le mari idéal, c'est pas toi qui ferais ça pour moi. »*

Alors quand Maxime a approché les 50 ans, je me suis dit que c'était à mon tour de lui faire une surprise. Je n'avais pas envie de réserver une salle ou un resto, je me suis dit que c'était plus sympa de le faire à la maison. La vraie grosse surprise, comme dans les films, avec le mec qui rentre tout seul le soir, déprimé, tout est éteint, il se dit qu'il n'y a rien à bouffer dans le frigo. Et quand il allume la lumière… SURPRISE ! Tous les copains sont là. Et c'est la grosse fiesta ! Le mec n'en revient pas, il embrasse sa femme, hallucine de tous ces copains présents. Vous voyez le tableau.

J'envoie donc une invitation marrante par mail, j'organise tout un scénario, je préviens ses meilleurs copains pour qu'ils soient dans le coup. Tout le monde est bien au courant que c'est une surprise. Le message est passé. Nickel.

Je fais croire que je pars en séminaire pour le boulot trois jours à La Baule, du jeudi au samedi, alors que je suis chez une copine qui n'habite pas loin, et l'idée est que le vendredi soir, tout le monde débarque à la maison à 19 h 30, sachant que Maxime ne rentre jamais avant 20 h 30-21 heures du bureau.

Le jour J, le fameux vendredi, on est tous cachés dans la cuisine et le salon, on essaie de ne pas faire de bruit (tu parles, impossible, tout le monde rigole d'avance).

L'ambiance monte déjà. Les vannes fusent.

On attend.

À 21 heures, toujours personne.

21 h 30. Rien.

On sent que la tension monte. Les invités en ont marre de parler tout doucement. On est serrés, on a soif.

J'ai alors une idée : faire appeler Max par un copain pour voir s'il arrive à lui soutirer une info et savoir où il est.

— Allô Max ? C'est Jérémie, t'es tout seul ce soir ? Il paraît que ta femme est en séminaire.

On se fait une bouffe rapidos, même si c'est un peu *last* minute ?

— Désolé, Jéré, j'suis complètement débordé. Je vais rentrer hyper tard. Je suis encore au bureau. On s'appelle la semaine prochaine ? Allez, à plus.

Jérémie se retourne vers moi, en disant :

— Zut, il est encore au bureau, qu'est-ce qu'on fait ?

Et à ce moment exact, la porte d'entrée s'ouvre et Max entre, suivi d'une fille ravissante, qui n'a pas tout à fait la tête d'une collègue de bureau.

En entendant la porte s'ouvrir, Jérémie fonce, allume la lumière et tout le monde débarque dans l'entrée : « SURPRIIIISE »…

OÙ SONT PASSÉES MES QUEUES ?

Le petit moment de solitude de Mathilde, 18 ans

C'est une vieille histoire... J'étais folle amoureuse d'un garçon qui m'invite à passer le week-end chez ses parents dans l'Aisne avec deux autres amis. Il y a aussi ses trois frères présents. Je suis super intimidée car je suis la seule fille et je compte bien faire bonne impression auprès de sa mère, qui a un air assez sévère.

J'ai très envie de la conquérir (pour mieux ferrer son fils !). Arrivent les préparatifs du dîner, je demande poliment si je peux aider (vu que les garçons n'en foutent pas une dans cette maison... ☺).

— Oui, c'est très gentil Mathilde, est-ce que vous pouvez me préparer les radis du jardin ?

Hum… Les radis, les radis… Qu'est-ce que c'est que ça… (À l'époque, internet n'existait pas et quand une question se posait, il fallait juste se dépatouiller.) Aussi curieux que cela puisse paraître, je n'avais jamais mangé, ni encore moins préparé, de radis (chez nous c'était plutôt crêpes surgelées Findus, purée Mousline et autres délices industriels).

Donc, je me retrouve devant une cagette d'objets non identifiés tout terreux, avec de grandes herbes au-dessus.

Première étape (logique) : enlever la terre (cela ne se mange pas, *a priori*).

Seconde étape : enlever tout ce qui dépasse, ce long filament et cette étrange crête verte.

Voilà les radis présentables. Est-ce que je les coupe en petits carrés ? Ah oui, cela me paraît judicieux, ce sera plus joli !

Mais quel boulot… J'aurais pas dû proposer d'aider, je me suis fait avoir. Ces petits carrés de radis, j'y passe près de vingt minutes.

Et je coupe, coupe… façon pommes de terre rissolées. Et dispose le tout fièrement dans un plat, que je viens poser sur la table de la salle à manger.

Au moment de nous attabler, la mère de famille me demande où sont ses radis. Je lui désigne ma jolie présentation. Elle ouvre des yeux comme des soucoupes (je me souviendrai toujours de cette tête effarée).

— Mais… qu'avez-vous fait ? Mes radis, mes radis… (Je me suis demandé un instant si elle n'allait pas fondre en larmes.) Où sont… où sont… ? Où sont passées mes queues ? Qu'avez-vous fait de mes queues ?

Là, sentant tous les regards inquisiteurs (masculins) posés sur moi, je me dis qu'il faut que je me sorte de ce merdier. Je relève fièrement le menton et j'assène :

— Mais madame, je leur ai coupé la queue.

— Vous leur avez… ?

— Mais oui, chez nous, on les mange comme ça, à la fourchette !

LE MONDE EST PETIT

Le petit moment de solitude de Romane, 46 ans

Cette année, je suis verte, je me retrouve à la table des vieux pour le mariage de ma cousine. Je suis passée à une autre génération, on dirait. Je suis avec les oncles et tantes. Finie, la table des cousins. L'horreur. Tout ça parce que j'ai deux enfants. En plus, je suis toute seule, car mon mari est en séminaire en Thaïlande avec toute son équipe.

Le mariage d'Élodie est pourtant féérique. On sent que cette génération ne laisse rien au hasard. La déco est pile dans la tendance. Grands végétaux partout, des lampions qui illuminent les arbres. Ils ont même créé un logo pour leur mariage avec leurs initiales enlacées. Il y a des buffets à thème, des ballons, des lanternes chinoises qui s'envolent.

La mariée irradie. Sa coiffure est simple et naturelle avec quelques fleurs blanches par-ci par-là. Sa robe a juste ce qu'il faut de dentelle, pour faire poétique, mais pas vulgaire.

Il y a des guirlandes partout, les centres de table sont des troncs d'arbres comme enracinés dans la nappe, avec de la mousse, des lumignons et des bulles de verre incandescent.

La musique donne la pêche et reste romantique. Ce mariage est un rêve.

Mais qu'est-ce que je m'ennuie à cette table où l'on ne parle qu'optimisation fiscale et week-ends à la campagne avec les petits-enfants. Au secours.

Ouf, c'est le dessert, on va pouvoir sortir de table et aller danser. Un des couples s'esquisse discrètement et laisse un trou à la table. Ambiance encore plus bancale alors qu'autour, tout le monde sourit et s'amuse.

Sauf à cette table maudite.

Arrive alors une jeune fille pétillante. C'est la fille aînée d'un des couples que je ne connais pas (cela doit être la famille du marié). Prune a 19 ans. Petite, brune, elle rayonne. Elle s'assied à l'une des places vides, et commence à raconter mille histoires drôlissimes de son nouveau stage dans une agence de pub. Tout le monde en prend pour son grade : de la secrétaire odieuse aux histoires de la machine à café. Les batailles entre créatifs et marketing. Elle raconte tout ça avec naturel et naïveté, c'est touchant et en même temps, tout le monde rigole. Elle décrit les looks des commerciales avec des « bottes de putes, car il faut bien vendre ». Elle se moque d'une directrice marketing de 45 ans complètement dévouée à son boulot, pas mariée, pas d'enfants. Qui hurle sur tout le monde et qui détruirait toute fille de son équipe qui lui annoncerait un congé maternité. Elle est amoureuse du boss depuis dix ans, ils ont eu une histoire, mais il l'a plaquée. Depuis, elle est aigrie et odieuse et fait vivre un enfer à toute son équipe. Prune raconte tout cela avec un humour décalé, on se croirait dans une série télé.

Son arrivée à notre table change complètement l'atmosphère pincée. Tout le monde rigole.

Je commence à me détendre. Qu'est-ce qu'elle est drôle, cette fille !

Jusqu'au moment où Prune parle de son fameux boss, Lionel, « le chaud lapin qui saute sur tout ce qui bouge », « celui qui a couché avec la directrice marketing pendant un an alors qu'il venait de se marier », « celui qui s'est encore tapé la nouvelle stagiaire. Pas elle bien sûr, beurk ». Et en plus, il paraît qu'il a des enfants, et sa femme n'est même pas au courant alors que ça fait dix ans qu'il se tape toutes les jolies filles de XDBD. Il lui a fait croire qu'il est en Thaïlande alors qu'il est chez sa nana en Corse ce week-end. Il avait un mariage qui le saoulait grave.

Je blêmis.

Mon mari s'appelle Lionel et c'est le boss de XDBD.

L'INSTANT DE VÉRITÉ

Le petit moment de solitude de Bénédicte, 48 ans

Je m'occupe du marketing d'un groupe de presse spécialisé dans les titres masculins, du genre voitures-montres-cigares. Je travaille essentiellement avec des hommes.

J'ai trois enfants, dont l'aîné a 10 ans, et au bureau, je nage au milieu des requins, toujours prêts à lancer quand je pars à 18 h 45 : « Tu prends ton après-midi ? »

Ils aiment aussi caler une réunion à 8 heures le jour de la rentrée des classes, ou à 19 heures, le vendredi des vacances de février. Bonne ambiance.

J'ai un job transverse, à la fois sur la France et sur l'international, et je reporte à deux patrons.

François, le directeur du pôle presse en France, et René, le patron de l'international.

Je m'entends très bien avec François, qui m'a recrutée d'ailleurs, mais je me bats tous les jours avec René, qui m'en fait voir des vertes et des pas mûres.

Le soir, à la maison, j'aime bien raconter mes histoires du bureau et mes enfants en redemandent à chaque fois, surtout Gaspard, l'aîné de 10 ans, qui me pose tout un tas de questions.

Le Comité d'entreprise organise tous les ans un grand Noël, à Disneyland ou au Cirque du soleil, avec tous les employés et leur famille. C'est la fête pour mes enfants qui se réjouissent chaque année de la surprise que va leur faire « le bureau de maman ».

Cette année, c'est chez Bartabas qu'a lieu le spectacle de Noël. C'est magique. Après le show, les trois enfants sortent émerveillés par ces chevaux sauvages qui dansent dans le cirque du fort d'Aubervilliers.

Après cette représentation, tout le monde se retrouve sous le chapiteau pour un grand goûter. Je discute avec mes deux patrons réunis pour l'occasion.

Et là débarque Gaspard.

Je le présente à René et François.

Il demande à très haute voix :

— Lui, c'est le gentil boss ou le méchant boss ?

LES INFLUENCEURS

Le petit moment de solitude de Mimi et Luc, 30 et 35 ans

Je suis blogueuse depuis dix ans, on peut dire que je fais partie des « influenceuses ». Aujourd'hui, on a presque plus de pouvoir qu'une journaliste de magazine de mode.

J'ai un million de *followers* sur Instagram et chaque post que je fais peut potentiellement me rapporter une jolie somme. L'autre jour encore, j'ai mis en ligne une photo d'un T-shirt « *I Love Unicorns* » pour une marque niche qu'a lancée une de mes amies. Elle a vendu 2 500 T-shirts dans les deux heures.

Parfois, je n'en reviens pas de ce pouvoir.

Je reçois régulièrement des chaussures, des produits de beauté, des aliments pour chats, des chaussettes, des bretelles, tout et n'importe quoi. Tous ces produits sont envoyés par des marques, qui espèrent un petit « push ».

Mais moi, je ne parle que de ce que j'aime et ce dont j'ai envie. Même si parfois, je suis tentée de parler de certaines marques plus que d'autres, vu les cadeaux mirobolants qu'on m'envoie. J'essaie de rester objective et je respecte ma ligne éditoriale : « mes vrais coups de cœur ».

Luc travaille dans un bureau de presse et est en charge de la communication avec les blogueurs et influenceurs. Cela fait trois ans qu'il travaille dans cette agence, et n'en peut plus de toutes ces « pseudo-divas », qui « se prennent pour Anna Wintour alors qu'elles n'arrivent pas à la cheville d'une rédactrice mode de chez *Prima* ».

Il prend sur lui à chaque fois pour faire ami-ami avec toutes ces « stars du Web ».

Son agence a récupéré le budget de Volvo et organise un grand week-end de conduite sur glace à Chamonix.

Il m'appelle pour me parler de ce projet. Il sait que j'ai un petit côté garçon manqué et il m'invite à ce « divin week-end, dans un hôtel cinq étoiles, avec Marc Veyrat aux cuisines, conduite sur glace de XC90, suivi d'une montée en raquettes la nuit, jusqu'à une ferme transformée en restaurant éphémère, avec descente en ski, après la raclette ».

Il fait des pieds et des mains pour me convaincre. Ce week-end-là, j'étais invitée à Marrakech pour les soins Sultan, avec massages et hammam, et nuit à la bougie sous une tente dans le désert.

Mais Luc en fait des tonnes et des tonnes. Il réussit à me convaincre sur le fait que ce week-end a été fait pour des filles comme moi qui n'ont peur de rien, etc.

Bref, j'accepte en me disant que ça change un peu des week-ends spas et bien-être.

— Au revoir, Luc, merci de penser à moi.

— De rien ma chérie, c'est un plaisir de dealer avec des filles comme toi. À bientôt.

Puis ajoute, un peu trop vite, dans sa barbe : « Bon, la tarée, c'est fait. Maintenant j'appelle l'autre connard. »

Mais il a mal raccroché.

UN PROBLÈME DE JOINTS

Le petit moment de solitude d'Anna, 25 ans

L'autre jour, le plombier est passé pour un évier bouché et il m'a filé un sacré tuyau (si j'ose dire), j'en ai profité pour lui demander comment nettoyer les joints entre les carreaux de la douche. Ils ont noirci et rien n'y fait.

— *Ça ma p'tite dame, y a que l'huile de coude.*

Je ne suis pas une pro du ménage, mais j'ai décidé de m'y mettre. Faut que ça brille…

Eau de Javel, huile de lin, bicarbonate de soude… C'était quoi son truc au plombier déjà ? L'huile de soude ? De coude ? J'ai beau faire tous les rayons ménagers, je ne trouve rien dans les supermarchés. Ces joints tout sales, ça commence à m'énerver… Allez, je vais viser la belle droguerie du quartier, ils auront sûrement ça.

— *Bonjour madame, je cherche un produit miracle qu'on m'a conseillé qui s'appelle de l'huile de coude, vous n'auriez pas ça ?*

Elle me regarde bizarrement.

Mais qu'est-ce qu'elle a ? On dirait presque qu'elle me prend pour une conne.

— *Alors, ça ne vous dit rien ? Je ne sais pas où en trouver, il paraît que c'est super efficace pour les joints encrassés.*

Elle a décidément une drôle de tête, elle doit pas connaître cette huile, mais inutile de me regarder avec cet air… Ils sont bizarres, les gens.

— *Attendez, je reviens…*

La voilà qui part dans sa réserve, elle va sans doute vérifier, elle n'a peut-être pas toutes les références de ses produits. Elle a appelé un de ses collègues visiblement, qui s'avance vers moi.

— *Vous cherchez quoi au juste, je n'ai pas bien compris, quelque chose pour nettoyer les joints ?*

— *Oui, monsieur, mais on dirait que c'est introuvable : de l'huile de coude, c'est spécial pour nettoyer les joints.*

— *Hum (lui aussi me dévisage étrangement). Désolé, on n'a pas ça ici.*

Le soir, je suis en train de me brosser les dents à côté de mon mari dans la salle de bains et je lui dis :

— *C'est bizarre, personne ne connaît le produit spécial joints dont m'a parlé le plombier. Ni au Monop', ni chez Carrefour, ni même à la droguerie… Personne ne connaît l'huile de coude.*

Pfff, le voilà qui recrache tout son dentifrice, en explosant de rire. Il me toise.

— *T'es sérieuse ?*

— *Quoi ??*

— *C'est plus grave que ce que je pensais là…*

LE PASSAGE À NIVEAU

Le moment de solitude de Jean, 70 ans

Quand j'étais étudiant, je travaillais comme couchettiste en petit job d'été. J'étais chargé de réveiller les gens pour qu'ils ne manquent pas leur arrêt. Je prenais soin d'avoir un réveil sur moi que je réglais dix minutes avant chaque arrêt, en cas d'assoupissement de ma part. Une nuit, alors que le train était bondé, je me réveille brusquement quand je réalise que le train est arrêté, sans que mon réveil se soit déclenché. Branle-bas de combat ! Je me précipite dans la couchette de Mme A, la réveille en sursaut, la précipite à la hâte dehors avec ses bagages. Ouf, il était moins une.

Le train repart, j'en profite pour me faire un petit café. Mais voilà que le train s'arrête de nouveau à ce moment-là, étrangement. Je regarde par la fenêtre et constate avec stupeur qu'il s'agit de l'arrêt où est supposée descendre Mme A… que j'avais descendue quelques kilomètres plus tôt, à un passage à niveau, dans le froid, en chemise de nuit sous son manteau.

MA CHÈRE BELLE-MÈRE

Le moment de solitude de Marguerite, 37 ans

Ma belle-mère m'horripile, elle est autocentrée, tout lui est dû et elle ne s'occupe absolument pas de ses petits-enfants, on se demande parfois si elle sait qu'elle en a. Tout doit tourner autour d'elle, tout le monde doit être à son service. Entre nous, ce n'est pas la joie. Moins je la vois, mieux je me porte. J'essaie de toujours rester aimable par respect pour mon mari, mais je fais le service minimum. Je reste polie, point. Avec mes copines, je la surnomme même Tatie Danielle.

Et puis un soir, mon mari rentre du bureau avec un superbe bouquet de fleurs (pour moi, pas pour sa mère ☺). Il m'embrasse et me dit :

— J'apprécie vraiment que tu sois si gentille avec maman, même si elle est chiante, tes efforts sont adorables et sache que j'en suis très touché.

J'aurais pris cela pour du second degré de sa part, s'il n'y avait pas eu ce bouquet de fleurs à côté… J'ose un timide :

— *Ah oui ? Et qu'est-ce que je fais de si gentil pour ta mère ?*

— Maman m'a dit que tu lui envoyais régulièrement des SMS avec des photos des enfants avec des petits commentaires drôles, que tu lui adressais des *cœurs* et des *gros bisous*. La première fois, elle m'a dit qu'elle avait même été un peu étonnée de te sentir si chaleureuse. Mais ça lui fait plaisir. Je sais que tu fais cela pour moi, alors merci, tu es formidable, je t'aime de tout mon cœur.

GLOUPS…

C'est une histoire de fou car je n'ai jamais manifesté le moindre signe d'affection à ma belle-mère. Ni envoyé le moindre SMS…

Je m'éclipse et vais vérifier mes derniers envois de SMS à son intention dans mon portable. Rien. Puis je réalise progressivement que j'ai changé de portable il y a un mois, que j'ai récupéré l'ancien portable de mon mari, que nos répertoires se sont synchronisés et que tous les SMS que j'ai envoyés à « maman », ma mère, ont été envoyés à « maman », SA mère... La technologie m'ayant forcée à être bonne et gentille envers mon prochain, j'ai décidé de ne pas dévoiler la supercherie à mon mari, pour ne pas le décevoir.

Et je me force, tous les mois, à envoyer à Tatie Danielle quelques photos de ses petits-enfants. Et croyez-le ou non, nous nous entendons bien mieux depuis !

C'EST CHAUD

Le petit moment de solitude de Sébastien, 40 ans

Je vais dîner chez mon copain Nicolas ce soir, il a divorcé il y a quelque temps.

Il n'avait jamais été très branché filles – enfin, ce n'était pas très clair –, il avait du mal à assumer son homosexualité…

Notre bande de copains avait été assez surprise quand il s'était marié avec une fille, et peu étonnée de voir qu'il divorçait. Et on attendait tous son libérateur *coming out !* On savait qu'il fréquentait un garçon depuis quelque temps, on ne savait pas bien s'il serait là ce soir, bref.

La petite bande de copains arrive, Nicolas nous présente « un ami », Vincent. Nous passons à table, le rôti sort du four, le plat est très chaud. Mon pote Nicolas me répète que le plat est brûlant, me le tend prudemment avec des maniques de compétition et je ne sais pas ce qui s'est passé, toujours est-il que je lui ai répondu :

— *Eh, bon ça va, c'est chaud, mais je suis pas une tapette quand même !*

Silence gêné. Bon, le coming out, ce sera pour plus tard.

LE BAIN JAPONAIS

Le petit moment de solitude de Caroline, 15 ans

J'ai 15 ans et j'ai la chance de passer 3 mois dans une famille japonaise, dans la banlieue de Tokyo. Je fais un échange avec Yoko, fille unique, avec qui j'ai correspondu pendant un an.

Je débarque dans la famille Nakamura un dimanche soir après 13 heures de vol dans une compagnie aérienne inconnue avec un changement à Amsterdam.

La famille de Yoko est adorable et accueillante. Les Nakamura m'ouvrent les portes de leur maison avec beaucoup de chaleur et de gentillesse. Trois générations sous le même toit : Yoko, son père, sa mère et sa grand-mère. Ils vivent dans une maison de poupée : tout y est minuscule, même les casseroles.

J'ai l'impression d'être une géante (je mesure 1,78 m et le père de la famille, le plus grand de tous, ne doit pas dépasser les 1,70 m). Alors, j'essaie de bien me tenir pour ne pas prendre trop de place.

En gros, je suis pliée en deux toute la journée, comme si je saluais tout le monde, tout le temps. D'ailleurs, je me suis rendu compte que c'était une position très japonaise. Un signe de respect.

Quand on est au Japon, on a tellement peur de commettre un impair, car tout est si différent, qu'on reste toujours un peu sur ses gardes.

Je dors dans la chambre de Yoko, où il n'y a pas de lit, mais deux futons dans un placard.

Le premier soir, après un dîner léger plein de légumes que je n'ai jamais vus de ma vie, et que je n'ai pas pu identifier, la mère de Yoko me propose de me laver avant de me coucher. Bonne idée, après ce long voyage.

Il y a une salle de bains minuscule, mais très optimisée, avec un tabouret, une douche à même le sol et même une baignoire, déjà remplie.

Je me suis tout de suite dit qu'ils étaient vraiment trop sympas, les Japonais : ils m'ont fait couler un bain. Tout chaud.

J'entre dans la baignoire carrée et profonde. L'eau est claire et brûlante, mais ça fait du bien. Je prends le savon, le shampooing, je frotte, je me lave le corps, les cheveux.

Je suis détendue comme jamais.

Puis, je vide l'eau du bain, je range tout parfaitement. En sortant avec ma mini serviette qui ressemble plus à un grand gant de toilette qu'à un drap de bain, je tombe sur les 3 membres de la famille devant la porte, l'air ahuri. Immobiles, limite effrayés.

Je me demande s'il ne s'est pas passé un truc grave pendant que je prenais mon bain (un tsunami dans le nord du pays ? La grand-mère a eu une crise cardiaque ?)

Je demande, en faisant plein de gestes, ce qui se passe.

Et je comprends que j'ai eu le malheur de vider l'eau du bain. C'est un sacrilège. Car au Japon, on se lave avant le bain, sur un tabouret, avec le pommeau de douche. On se savonne entièrement le corps de l'intérieur de l'oreille au creux des doigts de pieds. Et quand on est tout propre, on a le droit d'aller dans le bain chaud. Dans le but de se relaxer, de méditer et de laisser son esprit vagabonder.

Toute la famille prend donc le même bain, qui reste chaud en permanence, toujours avec la même eau, toujours propre.

Et surtout, surtout, culturellement, on ne vide pas l'eau du bain.

COURSE CONTRE LA MONTRE

Le petit moment de solitude de Frédérique, 28 ans

Je viens d'être embauchée comme vendeuse dans un magasin très chic de l'avenue Montaigne à Paris. Ça va me changer de chez *Zara* et *Pimkie* où j'ai travaillé pendant six ans. C'est un nouveau monde que je découvre, avec ses salons feutrés, ses bougies parfumées, ses vendeuses discrètes et élégantes, et tous ces produits si bien présentés.

Le coin bijouterie est une merveille de distinction. C'est un boudoir très intime, avec des petits fauteuils en velours, des rideaux en organdi, et des miroirs anciens, où les clients sont reçus comme des princes. Petites madeleines maison, verre de champagne ou orange pressée, tout est fait pour qu'ils soient dans de bonnes conditions pour faire l'expérience de la marque. Car on ne parle plus de « vente » mais d'« expérience » aujourd'hui…

Arrive un couple lumineux. C'est simple, lui, il ressemble à George Clooney et elle, c'est un mélange de Scarlett Johansson et Grace Kelly. Ils ont l'air complice, sont très sympathiques, drôles et décontractés. Il vient pour lui acheter une bague ou un bracelet.

Elle essaie tout un tas de bijoux. Tout lui va évidemment. Ils choisissent finalement une bague et un bracelet, et quittent la boutique bras dessus bras dessous.

Cinq minutes plus tard, je réalise que la femme a oublié sa montre sur la vitrine. Elle a dû l'enlever pour essayer le bracelet. C'est une jolie montre de chez *Poiray*.

Vite, je fonce dans la rue pour essayer de les retrouver. Trop tard, ils ont déjà disparu.

On se dit qu'elle va s'en rendre compte, et repasser dans l'après-midi.

Mais le soir, en fermant le magasin, ils ne sont toujours pas revenus.

Ce n'est pas possible ! On n'abandonne pas une montre Poiray.

À la caisse, je retrouve leur nom et leur téléphone. Je tape dans le fichier, je compose leur numéro et je tombe sur la femme.

— Bonjour madame, c'est la bijouterie *D.* avenue Montaigne à l'appareil. Vous êtes venue avec votre mari ce matin, et vous avez oublié votre montre Poiray.

— Allô ? Mais non, qui êtes-vous ? Je ne suis jamais allée dans une bijouterie et mon mari est à New York depuis trois jours.

Écarlate, je raccroche immédiatement en prétextant un faux numéro.

Le lendemain, le monsieur est revenu, un peu gêné, pour récupérer la montre de sa « femme », on l'a trouvé tout de suite moins charmant.

L'après-midi, quand la directrice de la boutique a appris que j'avais pris une telle initiative, ma période d'essai s'est terminée dans la foulée.

BONNE ANNÉE À TOUS

Le petit moment de solitude de Sonia, 48 ans

Je ne sais pas comment font les filles qui envoient leur carte de vœux le 1er décembre. Imprimée, dans une belle enveloppe, envoyée par la poste.

Moi, je n'ai l'adresse postale de personne.

Et puis, de toute façon, je suis incapable de faire imprimer une carte de vœux. Je ne suis pas du tout créative.

En général, je trouve une photo de vacances où toute la famille a une tête potable, je la mets sur PowerPoint, j'écris dessus « BONNE ANNÉE » et puis c'est tout.

Cette année, j'ai été complètement débordée, et je n'ai pas vu passer le mois de décembre.

Mais comme j'ai reçu plein de cartes de vœux de copains trop beaux, sur des plages avec des cocotiers, devant le Tāj Mahal ou en haut de l'Empire State Building, ça m'a énervée et je me suis dit que moi aussi, j'allais communiquer et montrer qu'on était une famille au top.

Je me fais le challenge d'envoyer une carte de vœux par mail cette année. C'est un début.

Évidemment, le temps passe, et on arrive le 31 janvier, au soir.

Évidemment, je n'ai toujours rien fait.

Je m'y mets avec ma fille qui maîtrise mieux la technologie que moi. On fait un pêle-mêle de photos, on ajoute un petit mot. Nickel.

Il est 10 heures du soir, il faut que je me grouille.

Je commence à préparer les e-mails de tout le monde.

La famille d'abord.

Je suis déjà crevée.

Ensuite, les copains. Ça me prend une heure pour n'oublier personne. Il est déjà 23 heures, et je sais que j'oublie plein de gens.

Tant pis. J'ai la tête qui explose.

J'écris donc un petit mot d'esprit du genre « mieux vaut tard que jamais ».

J'insère la pièce jointe, j'envoie.

Hop ! C'est parti.

Une bonne chose de faite. 23 h 58, je suis trop forte.

Je fonce au lit.

Le lendemain, j'ouvre mes mails, j'ai plein de réponses, j'adore.

Le premier mail que j'ouvre, c'est Rémy.

> Salut Sonia,
> Pas mal ta carte de vœux ;-)
> Super originale. Allez, bonne année quand même. ☺

Pourquoi « quand même » et pourquoi un smiley ?

J'ouvre mon mail.

Je réalise qu'au lieu d'envoyer le doc PPT avec mon superbe pêle-mêle, j'ai envoyé les résultats de ma prise de sang reçus la veille qui annoncent que j'entre en ménopause.

LE GPS

Le petit moment de solitude de Babette, 25 ans

Je suis commerciale pour une marque de produits ménagers, dans un grand groupe international, et ce matin, j'ai rendez-vous à Jouy-en-Josas, près de Paris, avec un client.

J'ai une nouvelle voiture, avec MP3, GPS et tablette tactile intégrée. Le top de la technologie, ça tombe bien, je n'ai aucune idée de l'endroit où se trouve Jouy-en-Josas.

La banlieue parisienne est une zone que je ne maîtrise pas encore, car j'ai commencé récemment dans le secteur. Heureusement, il y a le GPS. Trois lettres magiques pour tous les commerciaux dans leur voiture.

C'est la première fois que je vais seule à un rendez-vous. Jusqu'ici, j'étais toujours avec Bernard, commercial depuis trente ans, dit « Doudou », qui m'a tout expliqué. Doudou, même s'il est un peu lourd, parfois, est « un bon gars ». Il a tout fait pour nous « décoincer », nous, les provinciales qui sommes « montées » à Paris pour faire nos études et travailler.

Bref.

Je sors du parking de mon entreprise, et je branche le GPS.

Je comprends immédiatement qu'il est à commande vocale. Je commence.

— Trouver ville.

Il ne comprend rien, je recommence.

— Trouver ville.

Ah ! Il veut que je rentre le numéro de la rue.

— Trois.

— *Je ne comprends pas.*

— Trois.

Rien.

— TROIIIIISSSS.

Ça marche.

OK. J'ai compris, il ne faut pas parler, il faut crier.

Je crie donc :

— Rue de la Manufacture-des-Toiles-de-Jouy.

Il ne comprend rien, évidemment.

Je recommence en articulant :

— Rue de la Manufacture-des-Toiles-de-Jouy.

Rien.

— RUE… DE… LA… (putain de – *à voix basse*) MANU-FACTURE… DES… TOILES… DE JOUY.

Miracle. Ça marche.

— *Maintenant, dites la ville.*

— Jouy-en-Josas.

— *Je ne comprends pas.*

— JOU-Y-EN-JO-SAS.

— *Je ne comprends pas.*

— JOUY !! JOUY !!! Mais JOUYYYYY, putain.

Et là, Doudou et le directeur commercial sortent de l'immeuble et me regardent, ahuris, comme si j'étais une détraquée sexuelle.

UN CHAMPION DU MONDE

Le petit moment de solitude de Gaston, 52 ans

J'habite à Mexico et je travaille depuis vingt ans dans un grand groupe de luxe spécialisé dans les vins et spiritueux.

J'ai commencé dans cette société par un VSNE (ex-service militaire en entreprise à l'étranger) en Thaïlande dans la division « champagne ». Les équipes se souviennent encore des soirées de promotion que j'ai organisées à Bangkok. J'adore faire la fête, sortir, et organiser des soirées d'anthologie.

Après Bangkok, je suis parti à Miami pour développer l'Amérique du Sud. J'ai attrapé le virus de ce coin du monde.

Quatre ans plus tard, j'ai été nommé directeur commercial à Buenos Aires en Argentine.

Et depuis cinq ans, je suis le patron de la division au Mexique.

Je ne suis pas vraiment carriériste, mais l'un dans l'autre, j'arrive toujours à me retrouver au bon endroit, au bon moment.

J'ai une passion dans la vie : le foot. Je n'ose pas le dire, mais parfois, ça passe avant ma femme et mes enfants. Je ne rate pas une occase de voir un match, à la télévision, ou – mieux ! – dans un stade.

Pour la Coupe du monde de football qui a lieu aux États-Unis cette année-là, j'ai réussi à me faire inviter par un client.

Quand j'ai réalisé que j'étais invité à la demi-finale le 13 juillet, j'ai sauté de joie.

Petit check dans mon agenda : catastrophe ! C'est le jour de la méga-réunion avec les équipes ressources humaines où on fait le point de milieu d'année en passant en revue toutes les équipes.

Moi, les RH, c'est tout ce qui me gonfle. Je suis meilleur avec les commerciaux.

Vu le niveau du match et l'opportunité d'aller à New York, je prends *illico* des billets pour faire l'aller-retour rapide de Mexico, ni vu ni connu.

Je trouverai une excuse de dernière minute pour rater cette réunion.

Deux jours avant la date, je dis à ma secrétaire que je ne me sens pas bien (je prépare le terrain – si j'ose dire).

Ma femme et mes enfants sont en vacances en France, ils ne vont même pas remarquer que je me fais un petit aller-retour incognito à NY.

La veille du jour, j'envoie un mot aux équipes en m'excusant de rater la fameuse réunion, je leur dis que je suis malade, que je suis incapable de bouger de mon lit.

Et hop, je file à l'aéroport, j'arrive à JFK à NY, je fonce dans mon hôtel pour me préparer à aller au Giants Stadium.

Italie-Bulgarie, 2-1. Deux buts de Roberto Baggio. Génial d'être là. À New York, en plus.

Vite vite après le match, je rentre à Mexico, et je débarque au bureau, le lendemain, comme si de rien n'était.

En arrivant, tout le monde me regarde un peu de travers, mi-amusé, mi-atterré.

Je ne sais pas encore que je suis passé à la télévision, la veille, en direct, sur toutes les télés du monde. J'étais debout, l'air ravi, et je hurlai, juste après le deuxième but de Baggio.

Une séquence qui passe en boucle, à chaque résumé de match depuis hier.

Un moment que mon équipe et toute la boîte ont pu découvrir en direct, puisqu'il y avait un grand écran dans la cafèt' pour les matchs importants.

LE RÂTEAU

Le petit moment de solitude de Léo, 28 ans

J'étais dans le bus, comme chaque matin, pour aller au bureau. Quand monte une fille qui était avec moi en terminale, il y a dix ans, quand j'habitais Rennes. C'est incroyable de la recroiser, ici, dans le bus que je prends tous les matins. On était dans la même bande de copains, on est même sortis ensemble pendant quelques mois. Ça n'a pas duré, mais on était plutôt restés bons amis à l'époque.

Et puis, après le bac, le groupe s'est un peu dispersé. Certains sont restés à Rennes, d'autres sont allés à Nantes ou même à Paris.

Pendant un quart d'heure, on se refait la chronologie de nos vies, et très vite, on n'a plus grand-chose à se dire.

Je déteste les silences.

Alors, pour combler celui qui était en train de s'installer, je parle de nos profs et d'anciens élèves de l'école.

— Tu te souviens de Manon, canon, cette fille, ça m'amuserait de savoir ce qu'elle est devenue. Ou alors Jean-Philippe, quel tocard celui-là. Toujours à poser la question débile. Les profs étaient atterrés. Et il se prenait vent sur vent, pas une fille ne voulait sortir avec lui, le pauvre. On l'appelait le *Râteau*, ça me revient, maintenant. Ha, ha, ha ! Lui aussi, ça me ferait marrer de savoir ce qu'il devient.

— Euh… Jean-Philippe, c'est mon mari.

Blanc.

Plus un mot jusqu'à la station suivante où je me suis précipité alors qu'il me reste trois arrêts avant d'arriver au bureau.

ON DIRAIT LE SUD

Le petit moment de solitude d'Anna, 27 ans

Je travaille dans une start-up à Paris pour une nouvelle marque de cosmétiques bio. Je m'occupe des achats d'actifs, d'huiles essentielles, de matières premières pour le laboratoire.

Un jour, je reçois une commande d'huiles essentielles de lavande, que j'avais passée auprès de notre fournisseur à Grasse.

En ouvrant le colis, je me rends compte que l'huile a tourné, qu'on est loin de l'odeur de la lavande du Midi, et qu'on s'approche plus de l'odeur de pisse dans le métro de Paris.

J'appelle donc Aymée, des laboratoires du Soleil, pour lui demander ce qui s'est passé. Et comment le lot commandé a pu virer comme ça.

Ça sonne. Je tombe sur un répondeur téléphonique. Je laisse un message :

— Bonjour Aymée. J'ai bien reçu votre colis, merci. Mais votre huile essentielle qui d'habitude est un pur délice semble avoir « viré ». Elle a une consistance moins épaisse, elle sent moins fort. Je ne comprends pas. Je vais devoir vous la renvoyer, car elle ne passe pas notre exigence qualité. Pourriez-vous me rappeler ? Merci !

Puis, je me mets à plaisanter avec Sylvie, ma collègue de bureau, et je lance, en prenant un énorme accent marseillais :

— *Ma petite Ayméééy, votre lavaaande, elleu pu la pisse-euh. La bonne pisse d'un vieil alcoolo qui aurait trop bu sur le vieux port de Marseill-eu, bonne mèreu. Putaing, le cong.*

Et tout à coup, j'entends :

— Votre message a atteint sa taille maximale.

Et au lieu d'appuyer sur # pour réenregistrer le message, j'ai eu le (mauvais) réflexe de raccrocher.

LE COLLÈGUE

Le petit moment de solitude d'Olivier, 44 ans

Aux *Galeries Lafayette*, c'est toujours l'effervescence. J'y travaille depuis quatorze ans, et je connais tout le monde. Je suis au service achats et je crois que je suis passé par à peu près tous les départements. Je connais le magasin comme ma poche. Les rayons, les coulisses, les bureaux derrière.

Jean est au service comptabilité depuis cinq ans. Il ne connaît personne à part les deux collègues de son bureau. Et une ou deux personnes au service financier. Il est plutôt discret et réservé. Il pourrait être absent, on ne s'en rendrait presque pas compte.

Le 26 mai, Jean a un terrible accident de scooter en venant travailler. C'est le drame : une voiture le fauche en plein virage. Le choc est violent. Il se retrouve en réanimation. Échappe de peu à la mort.

À son réveil, à l'hôpital, il apprend avec horreur qu'il a perdu l'usage de ses jambes. Il devra se déplacer en fauteuil roulant.

Six mois après son accident, Jean retourne au bureau, en chaise roulante. Tout le monde dans le service est au courant. On l'accueille chaleureusement. On lui a aménagé un bureau spécial. Il croise des regards bienveillants et gênés.

Il se met à son nouveau bureau adapté.

Le lendemain, je dois me rendre au service comptabilité pour un problème de facturation avec un client. J'arrive, comme une tornade. J'embrasse Clara, la secrétaire du directeur financier, salue Bénédicte, compta fournisseurs, je fais deux, trois blagounettes pour détendre l'atmosphère du service le moins drôle des Galeries. Et je me dirige vers le bureau de Jean, qui pourra traiter mon problème.

Je débarque dans son bureau.

— Dites donc, les gars, ça fait longtemps que je ne suis pas venu ici ! Salut Jean ! Ouh là là, ça fait un bail ! Ça roule ?

Et là, je découvre le fauteuil… roulant.

AINSI SOIT-IL

Le petit moment de solitude du père Xavier, 74 ans

Unir deux êtres devant Dieu est toujours un moment fort pour moi, même au bout de longues années de sacerdoce. Quand un neveu m'a demandé de célébrer le mariage de sa fille, j'ai immédiatement accepté. Je me souviens d'Adèle que j'ai croisée plusieurs fois, une jeune fille au tempérament calme et réservé.

Les deux fiancés sont chacun issus d'une famille de militaires. Ils ont fait leur préparation au mariage avec un prêtre de leur paroisse, car ils vivent dans le Sud. Le père de la mariée est général, le fils aîné est dans l'armée de l'air, le dernier de la famille est sous-marinier. Adèle a six frères, et c'est la seule fille de la fratrie.

Sa mère est une femme dévouée qui a suivi son mari aux quatre coins du monde, dans des pays compliqués, en Afrique notamment.

La famille de Fabrice est aussi dans l'armée. Plutôt du côté administratif. Son père travaille au ministère des Armées, sa mère est bénévole dans des associations d'anciens combattants. Il a deux frères et deux sœurs. Deux grandes familles vraiment nombreuses. Au service de la France.

La célébration commence dans une petite église près de Toulon. Les familles se lancent des regards bienveillants. On sent une complicité certaine entre les quatre parents qui se connaissent bien.

Adèle et Fabrice sont en effet amis depuis qu'ils sont tout petits, ils passent toutes leurs vacances d'été ensemble. On dirait presque qu'ils sont cousins.

Arrive le moment du dialogue et de l'échange des consentements.

— Fabrice et Adèle, vous avez écouté la parole de Dieu, qui révèle la grandeur de l'amour humain et du mariage, vous allez vous engager l'un envers l'autre. Est-ce librement et sans contrainte ?

— Oui, répond Fabrice avec force et conviction.

L'assemblée sourit.

— Et vous Adèle ?

— …

Silence.

— Adèle ?

— …

Re-silence.

L'assemblée commence à frémir, personne ne comprend. Fabrice se demande ce qui se passe et regarde amoureusement sa future femme.

— Ça va ? lui dit-il doucement.

— La mariée est émue, dis-je avec un rire un peu forcé. Il y a beaucoup d'émotion aujourd'hui, alors, je vais répéter, doucement, pour vous Adèle. Est-ce librement et sans contrainte ?

— Non.

Chuchotements dans l'assemblée, les parents se crispent.

— Non, répète Adèle.

Elle fait une pause, pour que tout le monde l'entende.

— C'est la première fois qu'on me demande mon avis.

Elle se lève, prend la traîne de sa robe, et quitte l'église devant l'assemblée médusée.

LES COLLÈGUES

Le petit moment de solitude de Renaud, 53 ans

Je suis directeur de clientèle dans un groupe agroalimentaire de charcuterie et de salaison. « Directeur de clientèle », c'est pour faire joli, en fait, je suis commercial, c'est le siège qui aime bien donner des noms pompeux !

Commercial, ça veut dire que je suis dans ma voiture toute la journée, à visiter des hypermarchés pour placer mes produits.

On s'en prend plein la figure des directeurs de rayons, qui sont submergés de demandes et qui ne peuvent pas référencer tout le monde. Tout le jeu consiste à séduire les responsables des achats, sans en faire trop, à négocier pour pousser ses produits, référencer les nouveautés et laisser la plus petite place possible à ses concurrents.

Avec Nicolas, on se partage les hypermarchés de la région parisienne. Je couvre les départements est, de Saint-Denis, et du Val-de-Marne, et Nicolas les Hauts-de-Seine, à l'ouest.

La blague revient souvent quand Nicolas fait une erreur : « Nicolas, de toute façon, il est à l'ouest. » Et tout le monde rigole.

Cela fait dix ans qu'on se connaît, et on s'arrange régulièrement pour se retrouver « à la frontière de nos territoires », à l'heure du déjeuner.

Il arrive que certains déjeuners soient un peu arrosés.

Ce jour-là, on sort du restaurant *L'Ambassade des terroirs* à Gennevilliers, et je vois une femme en voiture qui cale juste devant. Puis, elle redémarre en faisant racler la pédale d'accélérateur, se gare à un mètre du trottoir.

— Ah ! Ces bonnes femmes au volant. *C'est* pas possible. Regarde-moi ce créneau. Nan, mais au secours ! En plus, elle est pas jolie-jolie. Faut avoir faim pour se la faire.

La femme sort de sa Polo et se dirige vers Nicolas.

— Renaud, je te présente ma femme, Christèle. On s'est donné rendez-vous ici, car je prends mon après-midi.

LE FILM DU MARIAGE

Le petit moment de solitude d'Alexandre, 24 ans

Mon mariage est dans une semaine.

Je suis complètement stressée et j'ai l'impression de crier sur tout le monde.

Non, ce n'est pas une impression : je crie effectivement sur tout le monde.

Mon futur mari se prend un scud par jour, mes parents sont au bout du rouleau, ma belle-mère me déteste déjà.

Tant pis. C'est parce que je veux que tout soit parfait.

Heureusement qu'il y a Alexandre, mon cousin germain chéri, presque jumeau.

C'est le type le plus cool de la terre et rien ne peut l'atteindre. Il m'écoute sans moufter, il me laisse lui raconter mon problème de centres de tables, mes démêlés avec ce tocard de DJ, soi-disant le meilleur, mais qui ne veut en faire qu'à sa tête. Il écoute patiemment mes insultes sur le pauvre fleuriste « qui a 2 de tension », sur mes beaux-parents qui sont radins, sur mes parents qui sont coincés.

Il ne dit rien quand je traite ma petite sœur de sale égoïste, car elle ne rentrera que le matin du mariage après six mois de mission humanitaire au Cambodge. « Tu comprends, qu'est-ce qu'elle va faire à aller aider des gamins à l'autre bout du monde, alors que moi, JE me marie ? Et elle atterrit le jour même, en plus ! Tu imagines s'il y a une grève ? »

Mes meilleures amies n'ont pas du tout été à la hauteur de l'EVJF* (mais c'est normal, vu leurs boulots, et vu leurs mecs, ça ne m'étonne pas qu'on se soit toutes retrouvées dans un bar pourri à Pigalle, moi déguisée en pénis géant, alors que j'aurais rêvé d'un spa dans Le Marais).

Alexandre m'écoute toujours, en ce moment, c'est le seul en qui j'ai confiance. D'ailleurs, c'est

---

* Enterrement de vie de jeune fille.

lui qui va faire le film du mariage. Il fait des études de réalisateur-cinéaste-monteur, je n'ai pas tout compris, mais je sais que ça va être canon. Il a un vrai œil.

Le jour J arrive.

Je sors de la voiture, devant l'église. Je ressens une émotion comme jamais je n'aurais cru. Je suis au bras de mon père, si fier.

Je traverse l'église et je ne croise que des regards émerveillés et souriants. C'est incroyable, cette sensation.

Thomas, mon mari, m'attend devant l'autel. Je sens qu'il est aussi ému que moi. Mon cœur bat fort.

La messe est sublime. Nous échangeons nos consentements, parfois, il replace mon voile. J'ai l'impression de planer.

La sortie de la messe sous les pétales de roses est si photogénique, tout le monde crie :

— *Vive les mariés !*

Tout se passe à merveille.

Il faut que j'en profite : ça passe trop vite !

Il fait beau, on se retrouve tous dans une merveilleuse longère, avec un jardin fleuri. Le cocktail se passe dehors. C'est chouette de voir tout le monde bien habillé. Il y en a de toutes les couleurs.

Le petit orchestre de jazz que j'ai déniché pour l'ambiance fait des merveilles, et tout le monde se détend.

On passe à table. Le civet de biche surprend tous les invités par son goût délicat. Thomas et moi, on passe de table en table. L'ambiance est à son comble. Les discours font sourire, voire franchement rire, toutes les générations. Merci, les amis !

La soirée démarre, le DJ met le feu, on danse jusqu'à 4 heures du matin. Heure à laquelle Thomas et moi, on s'envole discrètement, par le petit escalier au fond de la salle.

— Bravo, mon cœur, pour cette organisation. Tu es rayonnante, je t'aime.

Le lendemain, on part en voyage de noces en Italie.

Un mois après, mon cousin Alexandre a enfin eu le temps de monter le film et il envoie à toute la famille un mail avec le lien de la vidéo du mariage.

Chacun de son côté clique et revit cette journée exceptionnelle.

Belles images, sourires, zooms sur les tenues, la déco, les fleurs, petite musique de fond.

Je vois plein de détails que je n'avais pas vus. Il est fort, cet Alexandre.

On est vraiment dans l'ambiance. Quel beau cadeau que de revivre cette journée magique !

Tout à coup, au milieu de la vidéo, la musique s'arrête, ça cafouille un peu, et on se met à entendre tous les commentaires d'Alexandre qui viennent par-dessus la musique. Il a dû monter le film un peu trop vite, et a juste oublié, sur la fin de la vidéo, de mettre « Mute » sur les extraits des films.

— Ça y est ! On a réussi à la caser. Enfin. Mon Thomas, *good luck* ! Tu sais pas dans quoi tu t'embarques. Elle va te faire chier. Elle est belle, c'est vrai, mais bon, y a quand même toujours un problème avec ses dents.

Zoom sur la mère de Thomas.

— ... *Tiens, voilà la radine ! Au secours, le chapeau* (la belle-mère).

La caméra croise le regard de Joseph, oncle de la mariée.

— ... *Ah, oncle Jo. Il est cocu, c'est le seul qui ne le sait pas, mais en même temps, tante Martine est une vraie chaudasse... encore à son âge. D'ailleurs, quel petit cul, ha, ha, ha* (zoom sur le postérieur de tante Martine).

Un enfant court devant la caméra.

— … *Ouh là là, mais ils l'ont choisi comment, cet enfant d'honneur ! Qu'il est moche ! On devrait plutôt dire enfant d'horreur. Ça doit être du côté de Thomas. On ne peut pas dire qu'il y ait des gènes de beauté de ce côté.*

Des jeunes filles font un petit coucou à la caméra.

— … *Ah ahh ! Voilà les pimbêches. Coucou, les filles ! Vous avez trouvé où vos robes ? Dans une pâtisserie ?*

Pompompom… Le champagne pique un peu, on va avoir mal au crâne demain.

Zoom sur le buffet.

— *Bon, y a pas grand-chose à bouffer finalement. Tout ça pour ça.*

La caméra s'approche d'un petit couple de 80 ans, assis sur un banc, avec des yeux qui pétillent.

— … *Toc toc toc… Coucou les vieux !*

On passe dans le noir, c'est le moment des discours pour les mariés.

— … *Blablabla, blablabla, quel faux cul. Pfff… c'est long. Ben, dis donc, ils sont pas brillants leurs copains.*

Et dernier zoom sur les tourtereaux qui montent l'escalier.

— *Bye-bye les oiseaux, rendez-vous dans cinq ans, pour votre divorce, ha, ha, ha…*

LE PLATEAU DE FROMAGES

Le petit moment de solitude de Kensaku, 36 ans

Je m'appelle Kensaku Matsumoto. Je suis japonais. Je travaille chez Mitsubishi, une sogo shosha de Tokyo dont une des filiales est spécialisée dans la maille. Je travaille à Ginza, devant le Palais impérial au siège du groupe. J'aime mon travail, mes collègues avec lesquels je prends une bière tous les vendredis. J'ai un petit bureau dans un immense *open space*, et je viens de changer de division, pour travailler dans le département finance aux fusions-acquisitions.

Je travaille six jours sur sept, et le dimanche, bien sûr, je réponds toujours à mes mails. On dit de moi que je suis un jeune homme impliqué, dévoué, plutôt enjoué.

J'ai rejoint l'équipe des « fusac » pour travailler sur la reprise d'une entreprise familiale française, qui a des usines près de Lyon.

J'ai toujours adoré la France. Je n'ai jamais eu l'occasion d'aller à Paris, mais je me suis toujours promis, le jour où je me marierai, d'y emmener ma future femme.

Travailler avec des Français est pour moi une nouvelle expérience pleine de surprises. Les Français sont si différents des Japonais. Beaucoup de choses m'amusent. Les Français parlent fort. Ils sont sûrs d'eux, même quand ils ont tort. Ils sont incapables de bien manger avec des baguettes. Ils rient beaucoup, boivent beaucoup, disent ce qu'ils pensent. Je les trouve parfois un peu sans gêne et rustres, mais aussi très chaleureux et enthousiastes. Ils sont aussi beaucoup plus dégourdis que nous, j'avoue, parfois, et meilleurs dans les prises de décisions. Nous avons tendance à nous compliquer la vie.

À chaque fois qu'ils organisent des réunions avec l'entreprise lyonnaise à Tokyo, je découvre de nouvelles facettes de la personnalité de ces drôles de Français.

Après un an de négociations, l'affaire est conclue. Mitsubishi investit en prenant une forte participation dans les filatures lyonnaises, et je suis invité à Lyon pour fêter cette nouvelle alliance.

Quelle joie d'aller en France, de passer par Paris, de prendre le TGV, que je trouve un peu vieillot comparé à notre Shinkansen ! Je suis émerveillé de tout : les plaques de rue, les pavés, les vieux immeubles. Et quand j'arrive à Lyon, je reçois un coup au cœur devant autant de beauté.

Et en plus, chance ultime qui n'arrive jamais au Japon : je suis invité à dîner dans la famille Tabard, grande famille lyonnaise, propriétaire des filatures depuis cinq générations.

Il y a une grande table avec douze couverts dans la salle à manger familiale. Les plats s'enchaînent, le vin coule à flots. Je trouve décidément les Français très bons vivants. Nous avons finalement plus de points communs que je ne pensais.

Arrive le plateau de fromages. Une immense ardoise avec beaucoup de fromages que je ne connais pas. On m'explique : c'est un beaufort, un camembert, un saint-marcellin, un petit chèvre, un brie coulant, un mont-d'or, un brillat-savarin, un roquefort, des noix, de la confiture de figues… Je n'ai jamais vu ça !

Devant tant de choix, je suis complètement perdu. Je commence à paniquer, transpire un peu, écarte discrètement le col de ma chemise. Je me mets à rougir, et commence à me servir, en regardant tout autour de moi comment faire. Mais je suis l'invité d'honneur, alors, c'est à moi en premier qu'on propose de se servir.

J'ai dit au début du repas que j'aimais beaucoup le fromage. Ça a amusé les hôtes, visiblement. Ils s'étonnaient que j'aie osé goûter la première fois quelque chose qui sentait aussi mauvais.

Bref. Je me retrouve devant l'immense plateau, et je choisis le camembert. Que je dépose en entier sur mon assiette. Pensant bien faire. Comme si c'était un gâteau d'un chariot de dessert.

Ma voisine, Geneviève Tabard, se sert juste après moi : elle coupe un petit morceau de brie, prend une part de beaufort et une cuillère de mont-d'or. Je comprends mon impair.

Et c'est à ce moment précis que je me suis évanoui.

LA FÊTE DE L'ÉCOLE

Le petit moment de solitude de Laetitia, 45 ans

C'est la fête de fin d'année du groupe scolaire des enfants. Je discute avec une bande de mamans très fières de leur progéniture, tout le monde passe dans les classes supérieures. Bon, moi, mon fils se fait gentiment renvoyer, enfin, j'ai compris qu'« il serait mieux dans un autre établissement ».

— Oui, je suis déçue, il va falloir que je cherche pour lui une autre école. Je trouve que le directeur m'a conseillé des écoles vraiment pourries, visiblement mon fiston ne doit pas être aussi brillant que les vôtres.

— Ah bon ? Et il t'a conseillé quoi comme école pourrie ? demande une des mamans.

Là je cite les deux noms d'écoles en question, avec une moue équivoque.

— C'est pas super comme écoles, hein ? Et le pire, c'est que je ne suis même pas sûre d'avoir une place, je m'y prends très en retard pour les inscriptions !

Silence et regards gênés des mères entre elles, qui finissent les yeux rivés vers leurs pieds.

— C'est sympa ce que tu racontes. C'est mon mari qui dirige une de ces deux écoles « pourries ».

ANCIENS VOISINS

Le petit moment de solitude de Nathalie, 16 ans

Nous sommes une famille de trois filles. Quand j'avais 5 ans, nous habitions au troisième étage dans un vieil appartement, avec du parquet qui craque partout, même dans les toilettes.

Nous avons toujours été assez dynamiques et plus « garçons manqués » que petites filles modèles.

Ma grande sœur avait 7 ans et ma petite sœur 3 ans. Nous passions nos fins d'après-midi à jouer à 1, 2, 3 soleil dans le couloir, à la corde à sauter dans la chambre, et à l'élastique dans l'entrée.

Je vous passe tous les autres jeux, comme cache-cache en hurlant dans tout l'appartement, course-poursuite et défilés de déguisements en sabots.

Le tout sur du parquet, vieux et certainement un peu usé, dans un immeuble ancien et très mal isolé.

Tout cela pour vous dire à quel point nos voisins du dessous, M. et Mme Soignon, nous détestaient. Ils nous détestaient tellement que même quand ils nous voyaient dans la rue, de loin, ils avaient mal à la tête.

M. Soignon tenait une droguerie dans le quartier, sur le chemin de l'école, et nous avions tellement peur de lui que nous faisions chaque matin un détour pour ne pas passer devant sa boutique.

Tous les soirs, nous essayions de ne pas trop faire de bruit, et tous les soirs, ça recommençait. On entendait des coups de balai qui venaient d'en bas. Les voisins criaient par la fenêtre pour nous dire de nous taire.

Ils montaient régulièrement, hurlaient contre mes parents, qui leur répondaient d'être indulgents, leur rappelant que nous n'étions que des enfants.

On a même dû changer de chambre pour ne pas être au-dessus de la leur. Nos parents se sont donc retrouvés dans une chambre avec des petits nuages roses et bleus, et nous une chambre bleu canard avec du tissu (moche).

Un jour, les Soignon n'en pouvaient tellement plus du bruit, même si nous avions l'impression de faire attention tout le temps, qu'ils ont proposé à mes parents de leur offrir de la moquette dans tout l'appartement. Maman pour qui la déco n'était pas une chose importante a accepté, et nous avons eu une nouvelle moquette, beige dans le salon et bleue dans notre chambre.

Les années passent. Nous grandissons et un jour, nous déménageons. Je crois que ça a été le plus beau jour de leur vie, à nos voisins. Ils ne nous ont dit ni « Au revoir » ni rien du tout.

Dix ans plus tard, je passe l'oral de mon bac de français dans un lycée à Paris. Le français, ce n'est pas mon truc, je suis plutôt matheuse, donc, je ne suis pas au mieux de ma forme, ni au top de ma confiance. J'arrive au centre d'examen, une heure avant l'heure de la convocation, avec ma liste de textes.

Je vois les élèves sortir, discute avec ceux qui attendent. Tout le monde dit déjà que la salle 214C est la pire et que la prof est « une peau de vache ». Je regarde ma convocation. Panique, j'ai la 214C.

La porte s'ouvre, la fille avant moi sort, rouge pivoine d'avoir autant réfléchi et parlé. C'est mon tour. Je m'approche du bureau pour montrer ma liste de textes, et j'ai comme l'impression de reconnaître l'examinatrice. Mais c'est impossible, ce lycée n'est pas le mien, et je ne connais aucune prof de français en dehors de mon école.

En montrant ma carte d'identité, l'examinatrice a un petit mouvement de recul et lève les yeux vers moi. Puis, elle se cale dans sa chaise, me toise et me dit avec un air amusé :

— Mademoiselle Dupan, quel plaisir de vous revoir. Vous avez bien grandi, j'espère que vous êtes moins bruyante que quand vous étiez petite. On va voir cela tout de suite. Je vous propose de me parler de… *L'Assommoir* d'Émile Zola. Voici le texte. Un texte hors liste, pour voir si vous êtes aussi bavarde que quand vous étiez petite.

Un texte en dehors de ma liste, que je n'avais pas étudié, bien évidemment.

Je regarde le nom sur la feuille que je dois signer : « Mme Elizabeth Soignon ».

LE SECRET

Le petit moment de solitude de Vio, 52 ans

On est quatre copines inséparables depuis la terminale. Et on a 52 ans. C'est dire que notre amitié est longue et forte.

Tous les deux ou trois ans, on arrive à se faire un petit week-end toutes les quatre. On laisse les maris et les enfants, et on se prend du temps pour nous, toutes seules. Au programme, balades, bouquins, thés qui n'en finissent pas, yoga, et mojitos, parce que ça va bien ensemble !

Cette année, on va chez Catherine, qui a une jolie maison en Vendée, près de la Venise verte.

On est comme des dingues de se revoir, on papote, on marche, on se fait des bons gueuletons, on se raconte nos vieux souvenirs. C'est toujours un moment ressourçant.

Avec les années, tout le monde a eu ses hauts et ses bas, mais on croise les doigts, on est toutes en bonne santé, nos maris aussi. C'est d'ailleurs assez incroyable de se dire que pas une d'entre nous n'a divorcé. À croire que les statistiques nous racontent n'importe quoi.

La maison de Catherine est une bourrine, une vieille maison très basse avec un toit en chaume, qui a l'air un peu classique de l'extérieur, mais à l'intérieur, c'est un bijou de technologie.

Nous sommes en 1990, il n'y avait pas de portable, peu d'ordinateurs personnels, le minitel et les télex existaient encore.

Tout cela pour dire que les volets roulants automatiques, les enceintes dans les plafonds et l'éclairage du jardin qui s'allumait à notre passage avaient le don de nous fasciner.

Drrring ! Le téléphone sonne. C'est Bernard, le mari de Catherine. Il est à New York pour son boulot, et appelle pour vérifier que tout va bien.

— Ça va mon chat ? Vous êtes bien arrivées ? La maison était propre ? Tout marche bien ?

— Oui, oui, mon chaton, extra. On est hyper bien. On s'installe tranquillement. On va aller chez *Carrefour* faire un plein. Et ce soir, on se fait un petit tour en barque. Tu vois, on n'est pas mal ! Et toi ? Il fait beau ? Il est quelle heure ?

— Temps superbe, il est cinq heures de moins, tu vois, je me réveille. Allez, je raccroche, je dois y aller. Je voulais juste t'embrasser.

— C'était Bernard, il voulait savoir si on était bien arrivées. Quel chou.

— Dis donc, sympa, ton mari, de t'appeler, dit Vio, c'est pas Fred qui s'intéresserait de savoir si on est bien installées. Il m'a encore fait un sketch, parce que je pars trois jours. Nan, mais sans blague. Tiens ? C'est quoi ce téléphone du futur ? Il y a un écran au-dessus du clavier ? C'est le téléphone de *Star Trek* ?

Et là, Catherine d'expliquer que c'est un téléphone hyper moderne sur lequel on peut faire plein de trucs, mais elle n'en a aucune idée. C'est un des gadgets de son mari.

Ça amuse Vio, qui travaille dans une boîte d'informatique. Et commence à jouer avec le téléphone en faisant l'idiote. Elle comprend que les numéros s'affichent, donc, on n'a pas besoin de retaper le numéro, ça se fait tout seul.

— Génial, ce truc, tu peux garder en mémoire tous tes contacts, et zou ! Pas la peine d'avoir un agenda. Et puis, t'as vu ? On peut voir le dernier numéro. Bizarre, il commence par 04... Il est où Bernard ?

— À New York.

— T'es sûre ? Il t'a appelée avec un numéro qui commence par 04. C'est Lyon, ça, non ?

— Impossible, il est à NY, il m'a dit qu'il faisait beau. Ça ne doit pas marcher.

— Ah, OK. C'est marrant, le dernier numéro qui a appelé est le 04 67 47 83 98. Ça fait pas très New York City, ça. Ça doit être une erreur.

Et machinalement, Vio appuie sur la touche « Rappel auto ».

Une femme décroche.

— Bonjour, vous venez de nous appeler. C'est bizarre, c'est un numéro à New York ?

— Non, pas du tout, je n'ai appelé personne. Je ne suis pas à New York, je suis à Lyon. C'est toi, chéri, qui as appelé avec ce téléphone ?

Vio raccroche immédiatement, livide. Fait comme si de rien n'était. Regarde sa super copine, Catherine, qui est en train de prendre les clés de la voiture, un joli panier en osier au bras, pour aller faire un grand plein de courses, pour ce week-end entre copines.

— On y va ? lance Catherine.

— Oui ! J'arrive. Je crève de faim.

Vio ne dira jamais rien à Catherine, qui, à maintenant plus de 80 ans, est toujours mariée à Bernard.

UNE FILLE AU SOMMET

Le moment de solitude de Sophie, 40 ans

Mon amie Agathe a un emploi du temps de dingue, souvent entre deux avions. Elle est toujours par monts et par vaux. D'habitude, je lui envoie des SMS pour ne pas la déranger, mais là, c'est son anniversaire, j'ai envie de lui parler en direct, c'est plus cordial. Je l'appelle donc.

— Bon anniversaire Agathe, je ne te dérange pas trop ?

— Non, non, ça va, mais je préfère te rappeler tranquillement plus tard. Je te laisse, je suis un peu charrette au *G20*.

— Ah, carrément ? C'est top, ouh là là, oui, je te laisse alors, désolée.

Puis je rentre chez moi, assez impressionnée, et je dis à mon mari :

— C'est dingue ce qu'elle réussit bien, Agathe, elle se démerde toujours admirablement dans le boulot, là elle est carrément invitée au G20.

— Elle est pas un peu mytho ta copine ? Le G20 ? Rien que ça ? En plus c'est pas du tout en ce moment !

Le téléphone sonne, *tiens, justement c'est elle*, et je réponds, désormais un peu suspicieuse :

— Alors c'est bien le G20 ?

— Oui, enfin, tu sais, c'est surtout pratique, mais je pouvais pas te parler, j'avais les bras chargés.

— Ah oui… *Overbooked*… chargés… de dossiers… Et tu bosses sur… quoi exactement ?

— Non, pas de dossiers. Pourquoi ? Plutôt chargés de chips et de champagne pour ce soir, tu es la bienvenue avec ton mari d'ailleurs… J'improvise un petit apéro à la maison pour mon anniversaire.

Et là je réalise piteusement que j'ai confondu *G20* le supermarché et G20 le sommet international.

UN CERTAIN DON D'UBIQUITÉ

Le petit moment de solitude
de Nathalie, 42 ans

Je ne sais pas comment je fais, mais je ne fais que courir dans ma vie. Soit je suis mal organisée, soit je fais trop de choses.

J'ai l'impression de crouler sous le boulot, les enfants, les papiers, les parents à gérer, les copains à appeler, les sorties à organiser...

Dans notre appart, qui est minuscule, je passe ma vie à ranger. Et c'est toujours le bordel. Je fais mon maximum pour bien élever mes enfants, mais ils sont toujours mal fagotés, ils parlent fort, se disputent. Chez nous, c'est gai, mais c'est vraiment la foire.

J'organise toujours tout au dernier moment, je suis incapable de prévoir quoi que ce soit en avance. Vous voyez le tableau.

Ma copine Sylvie, je ne sais pas comment elle fait, mais elle est toujours tirée à quatre épingles, ses enfants semblent sortir d'un livre d'images, son appart pourrait paraître dans *Marie Claire Maison*. Elle est énervante. Sympa, mais énervante. Elle va toujours appeler pour dire que sa fille a eu le premier prix du conservatoire de piano et que son fils vient d'intégrer la meilleure école d'ingénieur. Les miens n'ont aucune idée de ce qu'ils veulent faire comme études (alors que l'aîné est en terminale).

Un jour, je m'accorde enfin une pause. Je prends mon après-midi, et je vais chez le coiffeur me refaire une coloration/balayage (car je commence – à 42 ans – à avoir des cheveux blancs).

Au moment où j'ai quarante papiers aluminium en couches superposées sur la tête, mon téléphone sonne. C'est Sylvie.

Je décroche, en me disant qu'elle va encore me bassiner avec sa vie parfaite.

Effectivement.

— Hello Nath, je voulais te dire que je suis super contente, Loïc vient d'être promu directeur et le même jour, Fany vient d'être admise dans la meilleure fac de médecine. Tu sais qu'elle veut être chirurgien ? C'est fou comme certains jours, les étoiles s'alignent. Et toi ? Ça va ?

Je ne sais pas pourquoi, ça m'a énervée et j'ai commencé à raconter n'importe quoi.

— Oui, oui, ça va très bien. Je suis à Londres pour une super réunion avec tous les cadres à fort potentiel de ma boîte. C'est top. Le lieu est dingue, il y a plein de *good vibes*, et on est dans un hôtel incroyable.

Et là entre chez le coiffeur Sylvie, toujours impeccable, qui me dévisage, stupéfaite, avec mes feuilles d'aluminium et cellophane autour de la tête, en jean et vieilles baskets.

L'ENTERREMENT

Le petit moment de solitude de Lola, 28 ans

Je suis en route vers l'enterrement du père de ma meilleure amie. Il est mort d'un cancer du pancréas en quatorze jours. Tout le monde est sous le choc.

Nous allons en Bretagne, au fin fond du Finistère, et nous sommes le 14 Juillet. Il n'y a pas idée d'enterrer quelqu'un le 14 Juillet.

La route est longue. Et ma pauvre amie est effondrée. J'essaie de lui remonter le moral, mais elle ne me raconte que des nouvelles glauques. Le fils de sa sœur qui a 15 ans a une leucémie et il ne lui reste pas plus d'un mois à vivre. C'est horrible. Elle est effondrée. Le mari de sa meilleure copine du bureau a eu un accident de moto la semaine dernière et il vient d'apprendre qu'il a perdu l'usage de ses jambes. Il a 26 ans. Un petit bébé à la crèche est mort il y a quinze jours de la mort subite du nourrisson.

Elle pleure, elle pleure, elle pleure. Et moi, je conduis en fumant pour essayer de penser à autre chose.

Après six heures de route pleine de larmes, nous arrivons enfin dans le village de sa famille en Bretagne Nord.

On se gare devant l'église. Et on sort vite pour se dégourdir les jambes avant d'aller à l'enterrement. J'ai fumé un paquet de cigarettes, la tête me tourne un peu.

Je dis bonjour aux gens que je connais qui arrivent sur le parvis de l'église, en cherchant un endroit pour éteindre ma cigarette. Je vois une espèce de tapis noir, sur lequel j'écrase machinalement le mégot. J'entends un cri bizarre étouffé, et je réalise que j'ai écrasé ma cigarette sur la tête d'un caniche ! Celui de la mère de ma copine, qui s'était mis à l'ombre des arbres, juste contre moi.

C'est la panique ! Le chien se met à couiner, et sa tête prend feu. Il se met à détaler comme une furie, avec de la fumée partout car ses poils sont en feu.

Il se dégage une odeur épouvantable de cochon grillé autour de lui. Complètement paniqué, parce que j'essaie de l'attraper, il entre dans l'église, court partout comme un fou, et va se réfugier sous le cercueil du père.

J'arrive haletante, je le récupère sous le cercueil, je fonce près d'un bénitier pour prendre l'eau pour éteindre l'incendie sur la tête du pauvre chien.

Il y a une odeur de cramé dans l'église, c'est horrible, j'ai failli renverser le cercueil du père, j'ai trépané le chien de la mère, je crois que je vais reprendre la route et rentrer discrètement à la maison.

UN DOUX MOMENT

Le moment de solitude de Yolanda, 15 ans

En ce moment, je fais beaucoup de kiné pour mon dos car j'ai une grosse scoliose qui me fait souffrir. Ma kiné habituelle m'a annoncé qu'elle serait remplacée pendant ses vacances. Quand je suis arrivée à son cabinet pour la prochaine séance, un jeune super beau gosse m'a ouvert la porte. Je n'ai pas compris ; j'ai cru que c'était un patient, comme moi. Puis, j'ai réalisé que c'était le kiné de remplacement. J'étais trop gênée de me faire masser le dos par lui. Il a fallu qu'il dégrafe mon soutien-gorge pour commencer le massage, je ne savais plus où me mettre. Le pire, c'est que les attaches résistaient et qu'il a bien passé quelques secondes dessus (qui m'ont paru des heures). Il a cru bon d'ajouter : « Les soutiens-gorge et moi, on n'a jamais été très copains. » Autant dire que j'étais rouge pivoine et que j'ai plongé la tête dans la table de massage, comme une autruche, en me demandant comment l'affaire allait tourner. La bride dorsale du soutien-gorge ayant fini par lâcher, et le massage du dos ayant commencé, il a embrayé :

— C'est comment votre prénom, déjà ?

— Yolanda.

— Ah, c'est d'où ?

J'étais traumatisée, impossible de répondre quoi que ce soit.

— Hein, c'est d'où ?

Il était vraiment hyper gênant, ce type, décidément.

— Vous m'entendez ? C'est d'où ?

J'ai fini par réagir.

— Oui, bon, ça va, j'ai compris, je sais que c'est doux !

Et là, il m'a gentiment répondu :

— Mais non, je vous demandais juste d'où venait votre prénom.

LE GENDRE IDÉAL

Le petit moment de solitude de Patrick, 59 ans

Noémie, la dernière de nos trois enfants, se marie.

Elle est pétillante et gaie, elle voit toujours le verre à moitié plein, c'est le rayon de soleil de la famille.

Son frère nous a déjà quittés depuis longtemps, il s'est mis à son compte dans le village à côté. Sa grande sœur s'est mariée depuis déjà huit ou neuf ans, elle a trois enfants. On peut dire qu'elle a enchaîné. J'avoue qu'avec Christine, ma femme, les petits-enfants, ça fait notre bonheur. Je crois qu'on est de bons grands-parents. Ma femme dit toujours : « Chez Mimi et Daddy, on fait tout ce qu'on veut. On s'en fiche de ce que disent vos parents : ici, tout est permis. » Tu parles comme les petits-enfants aiment !

Quand on a vu que Noémie et Thierry, c'était du sérieux, ça nous faisait bizarre au début, car Thierry, c'est le fils du notaire. Famille très chic et assez sérieuse, très différente de la nôtre, mais bon, Noémie est heureuse, ça se voit tout de suite. Et Thierry est quand même moins coincé que ses parents.

Je ne vous raconte pas l'organisation du mariage, ça c'est un truc de femmes. Moi, j'ai rien fait, c'est Christine et Noémie qui gèrent. Mon rôle, c'est de faire les chèques, vous voyez le genre. Mais elles ne sont pas flambeuses, mes filles. Elles connaissent la valeur de l'argent.

Le jour du mariage, on a tous fait des efforts pour être comme Noémie voulait. J'ai mis un complet veston foncé et j'ai même acheté des nouvelles chaussures. On rigole encore Christine et moi, car ça fait une semaine que je les ai mises tous les jours, mes chaussures de noces, pendant une heure, pour les faire. Pas question d'avoir des ampoules le jour du mariage.

Je crois qu'elle a eu le mariage qu'elle voulait, notre petite. Qu'est-ce qu'elle était belle.

Comment un mec moche comme moi a fait une beauté pareille ? La race s'améliore, je dis.

Tout s'est bien passé pendant le mariage, sauf un truc qui me chagrine encore : c'est que j'ai perdu une enveloppe avec 2 000 euros en liquide que j'avais toujours gardée dans la poche de mon veston. C'était pour payer le traiteur (j'avoue, on avait négocié une partie au black, pour éviter de payer les charges, et ça arrangeait tout le monde). Les gars du traiteur, je les connais bien. J'étais en classe avec.

Bref, au moment de payer, à la fin du mariage, il était 2 heures du matin, catastrophe, ma poche était vide.

Plus d'enveloppe, envolées, les 2 000 balles.

Christine était furax. Elle m'est tombée dessus en me disant que c'était le SEUL truc auquel je devais penser, et évidemment, j'avais oublié. *« Tu comprends, c'est la catastrophe, on peut pas compter sur toi, qu'est-ce qu'on va faire ? Comment on va trouver 2 000 euros en liquide ce soir ? Non, mais sans blague, les hommes. »*

J'avais un peu bu, je me suis dit que je les avais peut-être mis à un autre endroit, ou laissés dans ma valise à l'hôtel, car je suis sûr et certain d'être allé à la banque pour le cash, je ne suis pas fou, quand même.

Je négocie d'apporter l'argent le lendemain, croix de bois, croix de fer.

Le lendemain, après avoir fouillé partout, on ne retrouve pas l'argent. Un vrai mystère. Christine, évidemment, ne me croit pas. Comme d'habitude, je lui dis qu'elle a raison, sinon, elle ne va pas me lâcher.

Et ce n'est que deux semaines plus tard, en regardant la vidéo du mariage de Noémie, qu'on a compris.

Et qu'on a eu un choc, même.

Au milieu de la vidéo, au moment du dîner, la caméra se balade de table en table, tout le monde rigole, tout le monde lève son verre. Ça se voit qu'il y a une bonne ambiance.

Et tout à coup, à un moment de la vidéo, on voit, très nettement, à l'arrière-plan, notre gendre, Thierry, fouiller dans la poche de ma veste, qui était posée sur une chaise juste derrière. On voit qu'il trifouille quelque chose, mais on ne voit pas bien quoi. Tout à coup, il sort une enveloppe blanche qu'il fourre immédiatement dans sa veste.

Christine et moi, on se regarde pour vérifier qu'on a tous les deux bien vu la même chose. On se fait un petit retour rapide, un arrêt sur image pour vérifier. Pas de doute. C'est bien notre nouveau gendre qui nous a piqué les 2 000 balles pour le traiteur. Ça calme.

On se regarde tous les deux, on se dit qu'on a deux options. On appelle notre gendre et on le défonce, on casse le mariage de notre Noémie chérie, ou alors on ne dit rien et on se prend un petit verre de bordeaux, pour oublier tout ça.

Et Christine et moi, on est très bordeaux.

LA CRÈME DE LA CRÈME

Le petit moment de solitude de Carla, 35 ans

Fraîchement rentrée de congé maternité dans mon entreprise, je me retrouve vite plongée dans le bain. Grosse réunion du vendredi qui rassemble autour de la table mon boss et toute l'équipe de direction des ventes, une dizaine de personnes. J'ai les lèvres très gercées, alors j'attrape au fond de mon sac mon tube de Biafine pour apaiser la sensation de brûlure. Je le pose à gauche de mon gros dossier vert et dévisse discrètement le bouchon, histoire de ne pas faire la fille trop à l'aise qui se tartine de crème pendant la réunion. Le bouchon finit par céder et au moment où la crème commence à sortir, et que ma collègue Tania expose les objectifs de l'année, je sens à ma gauche de gros éclats de rire qui interrompent la présentation. Mon boss interpelle les deux mauvais élèves en leur demandant ce qui les fait bêtement glousser comme ça. Je profite de cette pause pour m'enduire les lèvres de crème, ce qui semble faire redoubler les rires à ma gauche. Alors, je sens un picotement étrange et une odeur bizarre, et là je réalise que le tube de crème posé à gauche de mon classeur n'est pas celui auquel je pensais. C'est en réalité un tube de Titanoréïne, crème réputée pour soulager… les hémorroïdes, que j'avais glissé par mégarde dans mon sac, le confondant avec le tube de Biafine.

L'humiliation suprême… Et pour couronner le tout, mes lèvres se sont ensuite mises à bizarrement rougir et gonfler (ce qui est à l'antithèse de ce que propose le médicament)…

Chaque personne croisée ensuite à la cafèt' me demandait : « C'est bizarre, qu'est-ce que tu as aux lèvres ? » J'ai même eu droit à la remarque d'une collègue : *« Allez, avoue… Tu t'es fait des injections* ? »

Un peu compliqué de lui rétorquer : « Non, je t'assure, c'est le contre-effet d'une crème anti-hémorroïdaire. »

TOUR DU MONDE GASTRONOMIQUE

Le petit moment de solitude de Greg, 24 ans

Après le barreau de Paris, je suis parti faire le tour du monde avec ma copine, Manon. On s'est dit que c'était maintenant ou jamais avant de commencer à travailler.

On a calculé un budget journalier minimum assez faible, mais on sait qu'on se débrouillera sur place pour trouver des bons plans.

On est partis aussi avec quelques adresses en poche. Notre voyage durera six mois dont trois uniquement en Amérique latine, de Mexico à Punta Arenas, dans le sud du Chili.

À Santiago du Chili, justement, j'ai des « cousins ». Dans la famille, on les appelle « la branche chilienne ». Et elle déchaîne les fantasmes et les passions. Il paraît qu'un de nos ancêtres est parti à l'aventure et est arrivé au Chili à la fin du XIXe siècle. Il a commencé comme ouvrier dans une vigne et, petit à petit, il est devenu responsable des récoltes, puis de la fabrication du vin. Au bout de vingt ans, il s'est retrouvé à la tête d'une immense exploitation viticole au nord de Santiago.

Aujourd'hui, le vin porte son nom.

C'est un peu notre oncle d'Amérique (version Amérique du Sud).

J'avais envoyé une lettre avant de partir, en me présentant et en demandant si nous pouvions passer déjeuner un jour en février. La réponse fut immédiate. « Vous êtes les bienvenus, nous serons ravis de vous accueillir. Quelle joie de connaître enfin nos "cousins français". »

Arrivés à Santiago, après cinq mois de voyage sac au dos, Manon et moi rêvons de passer la nuit dans un vrai lit. La découverte des cousins chiliens a été le fruit des fantasmes les plus fous.

La porte de l'hacienda familiale au nord de Santiago nous impressionne déjà.

À peine assis dans le salon, on raconte notre histoire, notre voyage. On explique comment on a failli se retrouver au poste de police au Panama. On décrit la vallée de la mort dans le désert de San Pedro de Atacama.

On parle de nos jours, de nos nuits. On a aimé tout ce qu'on a vu.

En revanche, côté nourriture, on rigole en disant qu'on en a marre de manger la même chose depuis trois mois. Du *pollo con arroz* (poulet avec du riz).

On en a mangé pour les déjeuners, pour les dîners. Impossible de trouver autre chose. On s'est même promis que jamais plus on ne mangera de *pollo con arroz.* C'est même devenu une blague entre nous. Un pacte, quasiment.

Tout le monde rigole et on continue à enfoncer le clou, car on sentait qu'on était devant un bon public. On en rajoute : « À croire que c'est la seule chose qu'on sait cuisiner en Amérique du Sud. Le *pollo con arroz.* »

Puis, tout le monde passe à table.

Le plat principal arrive.

Du *pollo con arroz.*

LES GOÛTS ET LES COULEURS

Le petit moment de solitude de Frank et Bertha, 45 et 46 ans

Mon mari et moi sommes en pleine période de visites d'appartements, car l'appart dans lequel on vit a été vendu. Dans un mois, on est à la rue. Alors, on a pris le taureau par les cornes, et on visite tous les jours presque deux ou trois appartements, le soir, après le bureau ou à l'heure du déjeuner. On ne trouve rien. On n'en peut plus.

Ce soir, après une journée harassante de visites qui n'ont pas donné grand-chose, on se retrouve à un dîner d'anniversaire.

On raconte tout ce qu'on a vu. Il y avait dans le lot un appartement dont le plan nous plaisait bien, mais on trouvait que la déco était épouvantable.

— L'appart de la rue Gambetta est vachement bien, le plan est parfait et il est dans nos prix, mais la déco… mon Dieu, la déco… C'est la cata ! Tout est immonde. La moquette, les papiers peints : horribles. La cuisine est sombre. En plus, ça sentait le vieil oignon. On vous raconte pas les tableaux aux murs, à croire que les proprios ont 100 ans. Alors qu'il paraît qu'ils ont notre âge et trois enfants. (J'aimerais bien voir la gueule des enfants, d'ailleurs, car vu les chambres, à mon avis, ils ont 70 ans.) Ha, ha, ha !

Le couple d'amis de nos amis rit aussi et dit :

— C'est marrant, on vend notre appart, rue Gambetta aussi. Incroyable ! On devrait vous le montrer. C'était à quel numéro cet appart ?

— Au 23.

— Ah oui ? Et quel étage ?

— Troisième gauche.

— Ah… Alors, je ne crois pas que ça colle. L'appart ringard dont vous venez de parler, c'est le nôtre.

LA PIÈCE DE THÉÂTRE

Le petit moment de solitude d'Yves, 56 ans

J'ai perdu mon job il y a 3 mois. Personne dans ma famille n'est au courant. Je n'arrive pas à le dire à ma femme, Patricia. Et je suis dévasté de l'annoncer aux enfants.

Tous les matins, je mets mon costume. Tous les matins, je prends mon attaché-case avec mon ordinateur. Tous les matins, j'embrasse Patricia, Max et Dorothée.

— À ce soir !

— Bonne journée, mon chéri.

Et je pars, à l'autre bout de Paris, le plus loin possible, dans un quartier où je suis sûr de ne croiser personne.

Je m'installe chaque matin dans un vieux bar-tabac à la sortie d'un métro dans la banlieue est de Paris, à Saint-Mandé. (J'habite à Carrière-sur-Seine, à l'ouest, de l'autre côté de la capitale.)

Je commande un café, je lis *Le Parisien*. Et puis, je m'installe devant mon ordinateur pour répondre aux offres (rares) que je déniche à droite, à gauche.

C'est dur. Je vis ça assez mal, j'avoue. Mais je ne perds pas espoir. Je me suis inscrit à Pôle emploi. Pas facile de trouver un travail quand on a 56 ans, une formation assez légère et une expérience d'assistant comptable dans une PME qui a fait faillite, mais je suis assez ouvert dans mes recherches, et je me dis qu'un jour, ça va tomber.

Il y a une chose que j'aime dans la vie, c'est le théâtre. En tant qu'acteur, plus que spectateur. Pourtant, je suis timide, ce n'est pas du tout logique avec ma personnalité. Mais c'est comme ça.

Le problème, c'est que ma femme est ultra-classique, et il est hors de question que j'évoque le sujet avec elle. Au début de notre mariage, quand tout allait bien, j'avais osé dire que j'aurais aimé prendre des cours, le mercredi soir, dans une troupe d'amateurs. Elle a hurlé en disant que c'était un boulot de saltimbanque, et que c'était hors de question de perdre du temps à ce genre de choses, qu'elle ne s'est pas mariée pour passer les soirées toute seule. Ou pire, à faire répéter des textes pourris à son mari.

Comme on a vite eu un enfant, j'ai laissé tomber.

Et après, la vie a suivi son cours, et je n'ai jamais eu une seconde pour y penser.

En ce moment, je ne fais que penser. Ça me mine, d'ailleurs. Et je suis tombé sur une petite affiche, à Saint-Mandé, qui faisait la réclame d'un club de théâtre amateur. J'y suis allé, je suis tombé sur un prof extra. Je me suis laissé embarquer, et je me retrouve trois mois plus tard à jouer le personnage de Michou Bidou, un homosexuel drôlissime, dans une pièce de boulevard.

J'y vais trois fois par semaine, et le soir, je rentre à la maison, comme si de rien était.

Cela dure depuis presque trois mois.

Là, j'imagine que vous voyez déjà la fin de l'histoire, mais ce n'est peut-être pas tout à fait ce que vous pensez.

Quand la première arrive, je dis à ma femme que j'ai un dîner avec des clients, et je file dans la salle omnisports de l'école publique de Saint-Mandé, qui fait office de théâtre. (Quand je vous dis que c'est amateur, vous voyez le genre.) J'enfile mon costume, comme dans *La Cage aux folles*. Je suis méconnaissable. Même ma voix change.

La pièce se passe à merveille, tout le monde rigole.

Applaudissements, standing ovation.

Et au deuxième rang, un couple. Un homme, que j'ai l'impression de connaître de vue, et une femme, que je connais bien. Ma femme. Avec notre voisin. Son amant, visiblement, vu comme elle est collée à lui.

Son amant, qui est le frère du prof de théâtre de la troupe Arc-en-ciel de Saint-Mandé.

COUP DE VIEUX

Le moment de solitude d'une maman du parc raconté par Pauline, 45 ans

Par un beau jour de printemps, j'accompagne mon amie Nathalie qui promène au square son adorable bébé. Nathalie est aux anges, elle n'espérait plus. Vingt ans qu'elle est mariée et elle n'a jamais pu avoir d'enfants. Et un jour, le miracle se produit, elle tombe enceinte naturellement à 43 ans, après avoir tout essayé.

Nous gazouillons et nous extasions devant ce bébé qui doit avoir 6 mois maintenant. Il est tranquillement dans sa poussette en train de mâchouiller *Sophie la girafe* quand s'approche un bambin de 2-3 ans. À plusieurs reprises, l'enfant cherche à lui arracher des mains cette chère *Sophie*.

Après quelques douces protestations de notre part, sa mère, assise sur un banc proche, daigne enfin poser le magazine *Elle* dans lequel elle est absorbée depuis un moment, et finit par s'adresser tout haut à son fils :

— *Reviens, Paul, laisse le bébé, sa grand-mère ne va pas être contente sinon.*

Nathalie, bouche bée, réalise qu'elle vient de se faire traiter de grand-mère.

Sa *grand-mère*, elle a bien dit sa *« grand-mère » !* Je rêve.

Devant la mine déconfite de mon amie Nathalie, toujours en apnée, mais qui reprend son souffle, vexée comme un pou et surtout blessée, je lance en parlant bien fort pour que la mère indélicate entende :

— Mais oui, Paul, écoute la grande fille sur le banc. Laisse le bébé tranquille.

Et toc !

UN NOUVEL AMI

Le petit moment de solitude d'Hélène, 40 ans

Nous passons le week-end à Florence avec mon mari journaliste. J'avoue que je suis parfois très éloignée de son milieu professionnel et que je ne m'y sens pas forcément à l'aise, je trouve les gens un peu affectés, pas très naturels, certains ont tendance à se prendre pour le centre du monde. Je ne l'accompagne jamais à ses cocktails, je m'y ennuie à périr. Mais cette fois-ci, il est invité par un écrivain dont il admire beaucoup le travail, et ce dernier, quand il a appris que mon mari venait à Florence, a tenu à le recevoir à dîner chez lui, accompagné de *« son épouse bien entendu »* !

Nous sommes donc arrivés dans une villa hors du temps, magnifique, avec une personne à qui j'ai tendu la main pour la saluer, alors qu'il ne s'agissait « que du maître d'hôtel » (légère première boulette). Puis nous nous sommes retrouvés dans un jardin somptueux, avec des sculptures d'artistes reconnus, et beaucoup d'invités, en mode « garden-party », tous plus élégants les uns que les autres. Mon mari semblait connaître beaucoup de monde, et comme il parle couramment italien et anglais, il était très à l'aise pour discuter avec tout le monde.

Moi, c'était plus compliqué. Je faisais clairement office de plante verte, souriant béatement sans capter un seul mot d'italien (je passe sur le *dress code* où je n'étais pas loin de Peau d'âne comparée aux autres femmes ultrasophistiquées autour de moi). Très vite, pour me détendre un peu, me donner du courage et surtout de la contenance, j'ai bu quelques coupes de champagne. Une fois un peu plus ragaillardie, j'ai relevé fièrement la tête, bien décidée à faire bonne figure et à ne pas paraître trop godiche aux yeux de mon mari et de son ami écrivain. J'ai cherché une cible, quelqu'un à qui parler pour ne pas faire tapisserie. J'ai vite repéré un petit couple, un peu à l'écart, qui, comble du bonheur, parlait français. Ces deux-là avaient l'air beaucoup plus normaux et simples que les autres convives, beaucoup moins « perchés ». L'opération « pot de colle » a commencé, et très vite j'ai senti beaucoup d'atomes crochus avec eux, voyages, nos belles régions de France… La femme s'est éclipsée un moment, mais j'ai continué à discuter une bonne trentaine de minutes avec son mari, qui venait de se retirer des affaires, après avoir travaillé dans un groupe de cosmétiques (il faut dire que j'étais curieuse, je le bombardais de questions, il ne fallait pas lâcher ma cible, je n'avais pas envie de repartir à la pêche à d'autres interlocuteurs), j'y allais bon train dans l'interrogatoire de police, et je lui racontais un peu ma vie aussi – et hop, un serveur qui passe avec une autre coupe de champagne ! J'avais bien repéré que mon mari me jetait quelques regards en coin. *Eh oui, je ne suis pas une potiche, moi, je peux me faire de nouveaux amis…* Quand mon charmant interlocuteur a pris congé, discrètement, après avoir supporté ma conversation, mon mari a filé vers moi, l'air étonné, et il m'a juste dit :

— Je ne comprends pas, tu le connais bien Lindsay Owen-Jones* ?

Et là, j'ai rembobiné le film… Avec toutes les questions absurdes et pathétiques que j'avais pu poser.

---

* Célèbre président du groupe L'Oréal pendant vingt ans.

DÎNER CHEZ LE BOSS

Le petit moment de solitude d'Astrid, 49 ans

Mon mari est sur le point de devenir *partner* dans une banque d'affaires américaine, et nous sommes invités à dîner chez Louis O'Connor, un des grands patrons de la banque. C'est un dîner avec les conjoints, car quand on arrive à un certain niveau dans cette banque, c'est important de connaître les pièces rapportées.

Jérôme a intérêt à faire bonne figure car tout le monde juge tout le monde dans ce genre de soirées soi-disant « en toute simplicité ». Car ce poste de *partner*, il le veut.

Il m'appelle pour m'expliquer que c'est le dîner de sa vie. Que j'ai intérêt à être à la hauteur. Qu'il faut que j'achète des nouvelles chaussures, une tenue branchée, mais pas trop, que j'aille chez le coiffeur le jour J.

Bref, je fais ce que je veux, mais je dois ressembler à une « femme de *partner* ». Budget illimité pour la tenue, mais tout cela doit rester chic, naturel et discret.

Déjà, il me saoule avec ses banquiers américains. Mais bon, on s'est mariés pour le meilleur et pour le pire, alors, je vais jouer le jeu.

Et il continue : il faudra aussi penser à apporter quelque chose. Pas du vin, ça ne se fait pas, pas des fleurs, car ça embête la maîtresse de maison qui doit, au dernier moment, trouver un vase. Tiens, on pourrait faire livrer un bouquet avant. Non, ça fait *too much*. Des chocolats ? Oui, parfait, les chocolats, c'est très bien. On passera chez le chocolatier Patrick Roger avant d'y aller. On prendra une belle boîte, pas trop petite (ça fait radin), pas trop grande (ça fait lèche-bottes).

Chez les O'Connor, il y aura Blaumstein, le *big big boss* qui vient de New York, il y aura trois « N – 1 », et bien sûr Bernard Chomet, le N + 1 de Jérôme qui est sur le point de le promouvoir.

Arrivés devant l'appartement haussmannien des O'Connor, on a le cœur qui bat. On compose le code de la grande grille noire en fer forgé. On cherche le nom sur l'interphone dans le hall pavé.

On prend l'ascenseur jusqu'au sixième étage. Dernier coup d'œil dans le miroir pour vérifier que tout est parfait.

— Astrid, tu es magnifique.

— Et toi, t'es pas mal non plus, mais tu sais que je ne suis pas toujours super à l'aise dans ces dîners de banquiers. J'y vais pour toi. Je vais essayer de ne pas dire trop de conneries...

— Mais non, sois naturelle, ces gens-là aiment bien les gens « simples » comme nous.

La porte s'ouvre sur Sophia O'Connor, belle Italienne pulpeuse, chaleureuse et charmante. Elle nous embrasse comme du bon pain. L'atmosphère est plutôt détendue, je suis étonnée. Tout le monde est déjà là. Il ne manque qu'un couple.

Un domestique prend les manteaux. Bonsoir madame, bonsoir monsieur.

Tout de suite, c'est un peu moins détendu, mais bon, la maîtresse de maison met vraiment tout le monde à l'aise.

Je tends le joli sac de chocolats à Sophia en disant :

— On ne savait pas trop quoi vous offrir… alors on s'est dit que des chocolats, ça fait toujours plaisir. On est allés chez Patrick Roger, car pour nous, ce sont les meilleurs. Une petite boîte avec de très bons chocolats, c'est beaucoup plus chic que la grande boîte de chocolats belges Leonidas, qui sont quand même vraiment mauvais.

Et là viennent d'arriver Bernard, le N + 1 de Jérôme, et sa femme, qui porte un sac avec une grande boîte de chocolats Leonidas.

UNE MESSE CULOTTÉE

Le petit moment de solitude de Claire, 17 ans

La messe, c'est pas trop mon truc. Mais ça fait plaisir à mes parents que j'y aille avec eux, alors de temps en temps, je les accompagne. Mais je m'ennuie, alors quand je m'ennuie, je regarde les gens, je les observe, j'essaie d'imaginer leur vie. De loin, j'aperçois une amie qui fait la queue pour la communion, je regarde comment elle est habillée, la coupe de son jean, ses chaussures. Alors qu'elle est debout dans l'allée principale, je remarque un truc bizarre sur sa chaussure, un truc qui pendouille et qui est encore attaché sous son pantalon mais pas loin de tomber. Je lui fais un petit signe car on n'est pas très loin l'une de l'autre.

— *Hé, Claire, t'as un truc qui pendouille !*

Elle n'a pas l'air de comprendre. Elle continue d'avancer, concentrée vers l'autel, malgré mes vains petits signes.

À ce moment-là, le truc qui pendouille tombe. Atterrée, je crois distinguer une culotte en coton blanc.

Par terre, en pleine allée centrale.

Au même instant, une petite dame (aussi concentrée que moi visiblement) lui tire le bras pour qu'elle ramasse ce qu'elle a perdu.

Je vois qu'elle se décompose après avoir regardé par terre, et qu'elle ramasse en boule sa culotte, aussi discrètement que possible, tout en essayant de se donner une contenance.

Elle m'a avoué, à la sortie de la messe, avoir enfilé trop vite son jean de la veille, dans lequel se trouvait sa culotte.

LE T-SHIRT CULTE

Le petit moment de solitude d'Eugénie, 31 ans

Je suis témoin de mariage d'une de mes meilleures amies, je fais donc partie des responsables des discours.

Comme speech, on a décidé de jouer le rôle de plusieurs personnages qui ont compté dans sa vie. Alors, on récupère des habits à droite, à gauche pour que tout le monde comprenne bien comment identifier chacun.

Pour jouer le rôle du père de ma copine, on demande à sa mère de nous prêter sa tenue fétiche, et il se trouve que c'est un vieux T-shirt du club de rugby de sa jeunesse. Un T-shirt complètement élimé, avec un vieux logo très années 1960 du club Saint-Arnoult (qui n'existe plus depuis trente ans). Sa mère insiste pendant une demi-heure sur le fait que son mari tient à ce T-shirt comme à la prunelle de ses yeux, et qu'elle compte sur nous pour en prendre soin, car elle nous connaît depuis qu'on est toutes petites, et sait qu'on est sérieuses.

Notre copine, ça va clairement la faire marrer de nous voir déguisées en son père avec cet attirail.

Sa maman nous remet le T-shirt dans un minisac de pharmacie (le seul qu'elle avait sous la main). Je fais hyper attention en arrivant à la maison de le mettre dans un endroit où je ne vais pas le perdre.

Et je l'accroche tout en haut, sur le portemanteau dans l'entrée, comme ça, je suis sûre que mes filles ou la nounou ne vont pas y toucher.

Passe une semaine. Je vérifie chaque matin qu'il est là, et je file au bureau.

Et ce matin, j'ai besoin de prendre le fameux T-shirt avec moi, car le soir, on fait la répétition générale, et j'irai direct après le boulot.

Mais pour la première fois, il n'est pas là.

C'est la panique, je demande à la nounou qui garde nos filles si elle a vu le sac, elle me jure que non.

C'est forcément Thierry, mon mari. Il est maniaque, il a dû le ranger.

— Allô ? C'est moi. Tu as vu le T-shirt du père de Luisa ?

— Non ? De quoi tu parles ?

— Tu sais, le T-shirt du club de rugby de je ne sais plus où, il y tient comme à la prunelle de ses yeux. Tu ne l'as pas vu ?

— Ben non, ça ne me dit rien. Je ne suis même pas au courant de cette histoire de T-shirt ?

Je commence à stresser.

— Mais siii ! Il était dans un minisac, accroché au portemanteau dans l'entrée ! Un petit sac blanc, comme les sacs de pharmacie, avec un T-shirt roulé en boule ?

— Ah… Oui, je vois. Tu veux dire le sac à couches ? Ben, je l'ai fichu à la poubelle. Et j'ai descendu les poubelles, bien sûr.

— …

AU REVOIR MÉMÉ

Le petit moment de solitude d'Angélique, 32 ans

Je crois que ma belle-mère est dans le peloton de tête des emmerdeuses. Elle emmerde tout le monde. Son mari, ses deux fils, ses belles-filles, même son chien s'il pouvait parler. Heureusement, elle n'habite pas tout près de chez nous. Un Noël sur deux, on passe nos vacances avec eux à la montagne. Comme on a un petit de 6 mois, je me dis que le grand air lui fera du bien, et puisque j'ai prolongé mon congé mat', je vais pouvoir rester quelques jours chez mes beaux-parents, sans mon mari, qui, lui, reste bosser à Châlon, où nous habitons.

Mais, rapidement, ma belle-mère me tape sur les nerfs. Au bout de quatre jours je ne tiens plus, je suis abreuvée de remarques désagréables sur mon poids et sur mon parcours professionnel *raté*… Je pars prendre l'air dans le jardin et j'appelle mon mari en lui demandant s'il peut rentrer un peu plus tôt, que j'ai du mal à tenir sans lui. Je suis ravie quand il m'annonce qu'il pourra arriver dès le lendemain. Puis j'entends mon petit qui s'est réveillé. Je file le chercher dans sa chambre, toute guillerette à l'idée que son papa vienne plus tôt que prévu, et je chantonne une petite comptine, l'air de rien :

— ♪ On va se casser, elle nous fait trop chier, papa va rentrer, c'est moi qu'ai gagné, au revoir mémé, elle nous fera plus chier. ♪

Et comme mon bébé me gratifie d'un beau sourire et a l'air d'apprécier ce que je fredonne. Je recommence :

— ♪ Et oui. On va se casser […], elle nous fera plus chier, au revoir mémé… ♪

Toujours joyeuse, je descends avec mon petit dans le salon.

— Alors comme ça Daniel va rentrer plus tôt ?

— Ah ? Il vous a déjà appelée pour vous le dire ?

Et là, la sentence… Elle se retourne vers moi avec un air perfide, me désignant un petit objet à antenne.

— Tu sais, ma petite, il faut faire attention avec ses engins…

J'aperçois, posé à côté d'elle, le récepteur du babyphone que j'avais oublié d'éteindre avant d'avoir appelé mon mari.

UN SOUFFLÉ BIEN MONTÉ

Le petit moment de solitude de Sandrine, 36 ans

Parfois en voulant faire de l'humour, on peut se prendre un gros bide. J'étais invitée par une grande marque de luxe française à un déjeuner de femmes, genre réseau féminin, avec une dizaine d'expertes triées sur le volet en fonction de leurs responsabilités professionnelles, très CSP++. Nous déjeunions délicieusement dans le salon privatisé d'un grand restaurant parisien, avec un chef étoilé. Ambiance assez guindée, puisqu'aucune des femmes présentes ne se connaissaient. Chacune essayait de se faire plus ou moins mousser, sortant son curriculum vitæ, ses hobbys, etc. Si l'ambiance n'était pas des plus exaltantes, le repas, lui, exaltait mes papilles.

Jusqu'à la touche finale. Un magnifique dessert soigneusement concocté par le chef.

Un superbe soufflé au chocolat, apporté par un non moins superbe et sculptural serveur black, tout de noir vêtu.

Et là, j'ai cru bon de lancer à la tablée, pensant détendre joyeusement l'atmosphère :

— Félicitations, il est bien monté !

Silence général. *Ce n'est pas possible, elles n'ont pas compris ma blague.*

J'insiste donc un peu plus :

— Enfin, je parlais du soufflé bien sûr !

Rebelote. Silence confus de toutes les femmes.

À cet instant, j'ai cru pertinent de ne pas réinsister et de regarder si je n'avais pas des messages ultra-urgents sur mon téléphone.

CONFIDENCES ENTRE AMIES

Le petit moment de solitude de deux filles dans le métro de New York, 15 et 16 ans

J'ai habité quatre ans à New York, avec mon mari et mes deux enfants. Je suis immédiatement tombée amoureuse de cette ville, dont on vante sans cesse l'énergie. Il paraît d'ailleurs, qu'il y a des particules magnétiques dans la roche sous New York qui apportent des bonnes ondes et de la force aux New-Yorkais. Légende urbaine ? En tout cas, ça marche. À quoi s'ajoutent le ciel, toujours bleu marine, et la folie de la ville qui ne s'arrête jamais. De quoi vous filer une pêche d'enfer tous les jours.

J'ai tout aimé de cette ville et de cette vie américaine. Mais au bout de quatre ans, toute la famille a dû rentrer en France, car la mission de mon mari était terminée. Retour en France, à Paris.

Trois mois après notre retour, l'occasion d'y passer pour quatre jours se présente, je me retrouve un peu à la dernière minute à New York pour un long week-end.

Plaisir de revoir cette ville qu'on vient de quitter, et à laquelle on a encore un peu l'impression d'appartenir. Plaisir de revoir mes amis, qu'on a l'impression de ne pas avoir quittés.

Pour aller prendre un apéritif avec un groupe d'amis, le soir, je prends le métro. Ligne 4, direction Upper East Side.

À côté de moi, deux jeunes filles, françaises, se racontent des « trucs de filles », leurs soirées, leurs profs, leurs copines. J'écoute d'une oreille distraite ces filles qui parlent trop fort, pensant que personne ne les comprend, parce qu'on est à NY, et que tout le monde parle anglais.

L'une d'entre elles se targue d'avoir le plan parfait pour ne pas se faire « choper » par ses parents quand elle sort un soir de semaine, sans autorisation. Elle a piqué le portable de ses parents, et les « piste » grâce à l'application *Find my friends* embarquée par défaut dans les iPhone. Elle a fait la manip', un week-end, sur le portable de sa mère, puis de son père, sans que personne ne remarque. Puis, elle a effacé ses traces pour qu'il ne reste pas de mouchard et que les parents ne sachent pas qu'ils sont suivis.

En gros : elle attend que ses parents sortent. Ce qui arrive très souvent à New York. Elle les regarde du vingt et unième étage monter dans le taxi. Elle file à sa soirée, et dès que le petit voyant lumineux de géolocalisation se met à bouger, elle rentre *illico*, juste avant que ses parents n'arrivent. Elle fonce dans son lit. Ni vu ni connu.

Elle explique tout ça, avec moult détails, à sa copine, ravie, qui va immédiatement faire la même chose. Elles rient de leur superpuissance vis-à-vis de ces parents ringards, qui n'y connaissent rien en technologie, et sont décidément vraiment naïfs.

Jusqu'à ce qu'elles lèvent les yeux, au moment précis où je m'apprête à descendre, et réalisent que cette dame qui se lève, et qui a tout entendu de leur conversation, est une super copine de leurs mères. Qui n'aurait jamais dû être ici, puisqu'elle habite à Paris.

L'INTELLO DÉMASQUÉE

Le petit moment de solitude de Marion, 28 ans

Enfin ! ça fait trois mois que j'attends ça. Basile m'a invitée à dîner, ce soir. Une brasserie branchée près de République.

Après vingt-cinq essayages : trop habillé, pas assez, trop décolleté, pas assez, etc., je finis par un top et un jean, comme d'habitude.

C'est mon premier rendez-vous officiel avec celui dont toutes les filles de la Sorbonne sont amoureuses, et il m'a choisie, moi. Je n'en reviens pas, le mec hyper brillant, cultivé, il va falloir que j'assure.

Je prends tellement d'avance pour notre rendez-vous que j'arrive beaucoup trop tôt. Pas grave, je vais me balader.

J'arrive même à être juste un peu en retard. Pas trop pour ne pas faire pouffiasse, ni pile à l'heure pour ne donner l'impression que je n'ai attendu que ça depuis ce matin.

Il est déjà là. Je ne vois que lui : une impression qu'il est le seul couleur et tout le monde est en noir et blanc autour.

Je sais, c'est fleur bleue, mais je suis comme ça.

J'arrive en faisant la fille cool et décontractée, comme si j'étais super habituée à ce genre de rendez-vous.

Je parle (trop) : j'adore lire, les expos, les voyages. L'humanitaire, c'est une passion, je lis *Le Monde*...

Lui ne dit pas grand-chose, mais écoute (bien).

Je fais le max pour avoir l'air à la fois passionnante et pas prise de tête.

Tout à coup, une fille passe à côté de nous. *Mais tiens, je la connais !*

Quelle aubaine, je vais lui montrer que je suis une fille qui a plein d'amis, qui connaît du monde dans les endroits tendance. Je me lève et lui « saute » dessus.

— Ça alors ! Comment ça va, ça fait longtemps !

— On se connaît ?

— Mais oui, tu es… tu es… enfin, on était… en classe ensemble ?

— …

— Ou tu vas en vacances à La Rochelle ?

— …

— Ah non, je sais, tu es une copine de… arrghhh… en fait, je ne sais plus, mais on se connaît, ça j'en suis certaine !

Elle me répond, beaucoup trop belle avec sa mèche sur le côté, ses yeux bleus et ses dents parfaitement alignées :

— Heu, je t'arrête tout de suite. Tu dois regarder la série *Sous le soleil**, sur TF1, ou *Hélène et les garçons**. J'ai joué dedans. À part ça, on ne se connaît pas, désolée. Allez, bonne soirée quand même à tous les deux.

---

* Séries niaises des années 1980.

BUSINESS CLASS

Le petit moment de solitude d'Emmanuel, 34 ans

Je suis commercial dans une grosse boîte d'agroalimentaire américaine à Paris. Mon job, c'est d'aller convaincre les enseignes de grande distribution (*Carrefour*, *Leclerc* et *Intermarché*) de référencer et mettre en avant ses produits, des cafés solubles en l'occurrence.

Mon chef est une chef, Pascale, directrice commerciale du pôle « boissons instantanées » depuis presque huit ans. C'est assez rare dans le milieu, mais elle a réussi à faire son trou au milieu d'une population essentiellement masculine.

Chaque année, le siège organise un concours des meilleurs commerciaux et emmène tout le monde en séminaire (qui devient souvent une vaste beuverie, mais ce n'est pas le sujet ici.)

Cette année, c'est au Sénégal que ça se passe, et j'ai la chance de faire partie des élus, ayant « explosé mon chiffre ».

À l'aller, tout le monde se retrouve dans le vol Paris-Dakar, en éco (restrictions budgétaires obligent), et je me retrouve à côté de Pascale, côté hublot, pour qu'elle puisse avoir le siège couloir et être libre de ses mouvements.

Le vol se passe bien, chacun prend son petit jus de tomate (pourquoi a-t-on envie de boire du jus de tomate en avion alors qu'on n'en prend jamais ?), sort un ordinateur, puis un livre, quelques mots échangés, et vite, c'est la nuit, tout le monde dort.

Enfin, pas tout le monde : Pascale, elle, s'est endormie en deux minutes et ronfle déjà. Et moi, je n'arrive pas à fermer l'œil, et je commence à avoir une envie pressante. Je maudis le jus de tomate et les autres boissons ingurgités pendant l'apéro. Je tiens dix, vingt, trente minutes. Et commence à agoniser sur mon siège.

Impossible de réveiller Pascale.

Alors, voyant qu'elle dort profondément, je me lance dans une séance d'escalade pour atteindre le couloir. Je fais l'acrobate en passant une jambe, puis une main au-dessus d'elle. Je me retrouve donc avec les deux mains sur chaque accoudoir de Pascale, les jambes écartées de chaque côté de ses jambes à elle, bref, vous voyez bien dans quelle position on peut se retrouver quand on veut aller dans le couloir.

Et c'est évidemment à ce moment précis qu'il y a un trou d'air, et que Pascale ouvre les yeux et se retrouve à cinq centimètres de mon visage, rouge de honte, complètement bloqué au-dessus d'elle, louchant sur ses seins.

— *Mais qu'est que vous foutez sur moi, Emmanuel ? C'est quoi ce plan minable ?*

L'ACTE MANQUÉ

Le petit moment de solitude d'Aglaé, 28 ans

Je suis amoureuse de mon boss, James, 35 ans, marié, trois enfants.

Je ne suis pas la seule, d'ailleurs. Je crois que la moitié des filles du bureau fantasment sur lui. Mais lui, ça ne lui fait pas grand-chose, visiblement.

Je travaille dans une agence de publicité à Paris, dans la division « événementiel ».

Je suis directrice de clientèle, terme chic pour dire « commerciale de base ». Entre le client et les créas, ce n'est pas facile. Le client veut des trucs originaux et fous qui ne doivent pas coûter cher et les créas ne veulent faire que des choses hors de prix, impossibles à réaliser. Je jongle entre tout ça, et je passe ma vie à ménager la chèvre et le chou.

Je suis la professionnelle des SMS, MMS et mails envoyés en général en faisant trois choses en même temps.

Comme tout le monde, en fait.

Ce soir, 22 heures, je termine mon compte rendu de la réunion finale de bouclage de la proposition pour le client, qui est le plus important de l'agence. Je relis trois fois, pour être sûre de n'avoir rien oublié.

Elle part. Il est 22 h 30.

Puis, pour débriefer mon boss, en direct et de manière moins officielle, j'envoie un texto.

J'ai envoyé la propal finale. Comme je te l'ai dit tout à l'heure dans ton bureau, on a dû revoir nos ambitions à la baise pour que ça passe. À très bite.

« À la BAISE » suivi d'« à très BITE ».

Classe.

SANTÉ !

Le petit moment de solitude d'Alice, 31 ans

C'est le baptême de mon premier enfant, et j'ai vu les choses en grand ! J'ai invité la famille et plein d'amis (et pas forcément que les plus proches). Mon père, que je ne vois pas souvent, a fait le déplacement depuis Béziers. Il ne connaît pas grand monde, ma mère et lui se snobent depuis des années après un divorce houleux. Bon, il faut avouer qu'il a tendance à aimer boire et à aimer les jolies filles. J'ai prévu du champagne bien sûr. Les gens parlent et boivent un coup. Je pars coucher mon petit pour sa sieste, et quand je reviens, la femme d'un ami de mon mari, plutôt sexy (vu la ceinture qui lui tient lieu de jupe), arrive vers moi. Elle me dit juste :

— *J'y crois pas, y a un gros lourd qui vient de me mettre une main au cul !*

Moi :

— *Quoi, mais qui, où ?*

Elle me rétorque :

— *Là, le vieux là-bas, mais c'est qui ce type… Tu le connais bien ?*

Moi :

— *Heu… C'est mon père.*

Grand blanc.

Moi :

— *Allez, santé !*

ON PEUT NE PAS FINIR UNE PHRASE

Le petit moment de solitude d'Emmanuel, 49 ans

Sonia et moi, on forme un couple soudé. On se connaît depuis plus de vingt-cinq ans.

Ma femme est plutôt du genre intello, réservée, généreuse et surtout d'une profonde gentillesse. Elle est très délicate avec les autres et incapable de médisance.

Moi, c'est le contraire. Je suis un peu « brut de fonderie », style rugbyman sympa. Tout le monde me trouve drôle (parfois lourd, certainement). Il m'arrive de dire toujours tout haut ce que tout le monde pense tout bas. Je suis plus du genre à lire L'Équipe que Le Monde.

Je déteste les silences. Quand il y a un blanc trop pesant, je sors une histoire drôle. Et il paraît que je sais bien les raconter. J'en ai d'ailleurs toujours une ou deux en réserve pour détendre l'atmosphère.

Ce soir, on dîne chez Victor, un vieil ami qu'on a rencontré quand on habitait à Singapour, il y a plus de dix ans. Il revient s'installer à Paris et organise un pot chez lui avec d'anciens « Singapouriens ». C'est sympa de retrouver cette bande de copains expatriés aux quatre coins du monde, maintenant de retour ici.

— Il y aura peut-être Antoine ? dit Sonia, qui, tout à coup, devient blême.

La femme d'Antoine est morte dans des conditions épouvantables pendant le tsunami de 2004 qui a englouti une partie de l'Asie et a fait des milliers de morts. Le décès de Vilma hante encore tous les esprits. Antoine ne s'est jamais vraiment remis de cette tragique disparition.

Avant de monter les escaliers en colimaçon du vieil immeuble de la rue des Martyrs, Sonia me rappelle de faire attention à ce que je vais dire si Antoine est là.

— Fais gaffe, Manu, on ne parle pas de Vilma.
— Bien sûr que non, qu'est-ce que tu crois ? C'est terrible cette histoire.

On sonne à la porte. Tous les vieux copains sont là. Parmi eux, certains qu'on n'a pas vus depuis dix ans. Entre hommes, on se chambre, car on a presque tous grossi ou perdu des cheveux. Les femmes, en revanche, sont plutôt pas mal à l'approche de la cinquantaine. *Fifty is the new Forty* disent les magazines. Je confirme.

Je passe de couples en couples, on rigole en se rappelant de vieux souvenirs, et j'arrive devant Antoine.

— Ah ! Antoine ! Quel plaisir ! Ben dis donc, toujours aussi beau gosse, toi ! Qu'est-ce que tu deviens ? Et ta femme ?
— ...
— Toujours...
— ...
— Morte ?

ENCORE UN PEU DE PURÉE ?

Le moment de solitude de Stéphana, 85 ans

Dans la famille, on aime bien rigoler et trouver des surnoms aux gens. Il y a une tante, du côté de mon mari, qui nous fait rire, elle habite dans le sud et elle commence souvent ses phrases par « Nous, en Paca... », du style : *« Nous, en Paca, il fait toujours beau, nous, en Paca, on n'a pas le même rythme de vie », etc.* Bref, comme elle adore sa région Paca, dont elle est si fière, on a fini entre nous par la surnommer (affectueusement) *Paca*. Même les grands-parents la surnomment Paca. Le problème, c'est que notre grand-mère a parfois des petites absences, elle ne se concentre pas aussi bien qu'avant. À Noël, toute la famille s'est réunie autour de la dinde, et notre chère tante est montée de sa belle région pour festoyer à Paris avec nous. Notre grand-mère a attaqué fort, la vouvoyant (elle ne l'avait pas très bien *remise*).

— Et vous, *Paca*, vous allez rester quelques jours ici ?

— Pardon, qu'est-ce que tu dis, je ne comprends pas ?

— *Paca*, je vous demande quand vous repartez ?

— En Paca ?

— Oui, *Paca*, en Paca.

— Heu, je repars déjà demain. Mais pourquoi…

Silence familial passablement gêné…

Et notre grand-mère qui surenchérit :

— En tout cas, c'est très gentil à vous Paca d'être montée à Paris juste pour deux jours.

— Mais pourquoi elle m'appelle Pa… ?

— Allez, qui reprendra un peu de purée ?

RÉUNION DE FAMILLE

Le petit moment de solitude de Valérie, 30 ans

Grande réunion de famille pour fêter les 90 ans de la grand-mère de mon mari, une femme devenue veuve assez jeune et mère de cinq enfants. Tout le monde semble beaucoup l'apprécier, de l'avis de tous elle incarne la gentillesse même. C'est l'occasion de rassembler dans sa maison de campagne près de Dijon plusieurs générations de cousins, d'oncles et de tantes, de neveux. La plupart de ses petits-enfants et arrière-petits-enfants ont joué le jeu et ont fait le déplacement. Les plus jeunes courent dans tous les sens dans le jardin, c'est vraiment joyeux et, coup de chance, le temps est radieux.

Je suis un peu perdue, car je suis jeune mariée, depuis à peine un an, donc j'ai du mal à « remettre » tous ces gens qui discutent et s'embrassent chaleureusement. Mon mari me souffle discrètement les prénoms des gens que je n'ai vus pour la plupart qu'une fois, le jour de notre mariage. Il me dirige vers la sœur aînée de son père accompagnée d'un homme dont je ne me souviens pas. Avec un grand sourire, elle s'adresse à moi :

— Alors, Valérie, pas trop perdue au milieu de toute cette grande famille ?

— Si, si, j'avoue un peu…

— Tu as compris qui j'étais ?

— Oui, bien sûr, vous êtes « tante Isabelle », comme vous appelle Alban. En revanche, désolée, mais je ne me souviens plus du prénom de votre fils, dis-je, adressant un petit rictus ennuyé en direction de l'homme à ses côtés.

— Mon fils ? Quel fils ? Tu veux parler de… mon mari ? On lui dit souvent qu'il ne fait pas son âge… mais à ce point… quand même ! De là à me prendre pour sa mère !

Et elle tourne les talons sèchement, avec un air outré.

VACANCES EN HÔTEL CLUB

Le petit moment de solitude de Jeanne et Julie, 29 et 30 ans

Enfin, les vacances ! Ça fait un an qu'on attend ça, Julie et moi. Julie, c'est ma meilleure copine de bureau. On a été embauchées ensemble il y a un an et on travaille dans le même bureau. On est au service comptabilité du magazine *Jeune et jolie* et comme on s'appelle Jeanne et Julie, et qu'on a donc les mêmes initiales que le magazine, tout le monde nous surnomme les Gigi's. Ça, c'est pour la petite histoire.

Bref, après un an sans vacances, on arrive enfin à Héraklion, en Crète, pour une semaine en hôtel club avec formule *all inclusive*. On n'aura pas à sortir la carte bleue des vacances, car tout est compris : les repas, les activités, les boissons. On est ravies du bon plan, car cette petite semaine ne nous a vraiment pas coûté cher grâce aux réductions du comité d'entreprise.

On est comme des folles, en se disant qu'on va passer une semaine à ne rien faire, sauf manger, boire, danser, dormir sur un transat et éventuellement lire un peu.

Le premier jour, après le buffet à volonté du petit déjeuner, on fonce sur la plage pour réserver un transat devant l'eau. Évidemment, le premier rang est déjà pris d'assaut par les « pros » qui ont posé leur serviette avant le petit déj'.

Pas grave, on s'installe en deuxième ligne, on se réveillera plus tôt demain, et cette fois, c'est nous qui poserons en premier notre serviette, un T-shirt et un bouquin, pour faire croire qu'il y a quelqu'un. Et toc ! On ne va quand même pas se laisser marcher sur les pieds !

Devant nous, un couple haut en couleur : les touristes allemands parfaits, avec moule-bite, tongs Adidas, et gras du bide pour monsieur, et maillot une pièce jaune fluo avec une espèce de collier ridicule avec une grosse fleur en plastique devant, assortie au bonnet de bain (jaune fluo aussi), pour madame. On commence déjà à faire les chipies, et on fait plein de petits commentaires bien critiques, comme tout bon Français à l'étranger.

La journée passe et on n'arrête pas de croiser ce couple mythique. Au snack, à la piscine, sur la plage, aux toilettes… À la fin de la journée, on leur a trouvé un nom : Rolf *und* Gisela (comme les héros du livre d'allemand LV1). C'est débile, mais ça nous fait marrer.

Le lendemain, avant le petit déjeuner, on file sur la plage pour réserver notre transat. Rolf *und* Gisela sont déjà là. À la même place, bien sûr. On rigole déjà. Parce qu'aujourd'hui, Gisela est tout en rose. La même tenue qu'hier, mais rose fluo, avec le même genre de collier hyper moche avec une grosse fleur en plastique devant.

On s'installe pas loin, devant au premier rang : le monde appartient à ceux qui se lèvent tôt. Et on file au petit déj'. On reste une heure, en se resservant dix fois : pancakes, jus d'orange, croissants, et puis une tranche de jambon, des œufs, du fromage. Comme d'habitude, on s'en veut d'avoir trop mangé, mais on s'en fiche : on va aller nager pour éliminer tout ça.

Retour sur la plage, Gisela dort à moitié, rouge cramoisie d'un gros coup de soleil de la veille. Avec le rose du maillot de bain, on dirait qu'elle est tombée dans un pot de peinture. On glousse un peu en la voyant, en se disant que les Allemands ont décidément un look qui laisse à désirer. On fait nos petits commentaires, ça nous fait bien rigoler. On prend même des photos, discrètement, pour ne pas oublier ce couple, et montrer à nos copines au retour.

Toute la semaine se passe, et chaque jour, Gisela change de couleur : vert, turquoise, orange, avec à chaque fois un collier avec une fleur immonde qui lui rapetisse le cou, déjà pas grand.

Le dernier jour, tout le monde se retrouve à faire le *check-out*. J'appelle mes parents pour les prévenir que tout va bien, tout s'est bien passé. Je raconte deux, trois anecdotes dans la queue, et je ne sais pas pourquoi, je me mets à parler de Rolf *und* Gisela.

— Tu peux pas savoir, le couple mythique qu'on a vu. Les beaufs allemands dans toute leur splendeur. On les a baptisés Rolf *und* Gisela, on a plein de photos d'eux. Elle, elle nous a sorti une panoplie de maillots de bain moches, fluos, avec des coupes ringardes. On ne pensait pas qu'on pouvait encore acheter ce genre de trucs. Et des coiffures pas vues depuis les années 1970.

Avec ça, toujours une espèce de collier avec une horrible fleur en plastique qui dépasse, comme une vache. Et puis, elle ne se baignait JAMAIS ! Alors que l'eau est transparente, tu peux pas savoir. Bref, c'était canon. On a adoré. Je vous appelle en arrivant à Paris et je vous montre tout ça dimanche. Bye-bye.

Et derrière moi, Rolf, qui faisait aussi le *check-out*, me dit dans un parfait français :

— Petit 1. Nous ne sommes pas allemands, mais français, comme vous. Nous avons donc entendu tout ce que vous avez dit sur nous depuis une semaine.

Petit 2. Ma femme a toujours une fleur autour du cou, car elle a un cancer de la gorge, et cette « horrible fleur en plastique » a le mérite de cacher le trou béant qu'elle a dans le cou, dû à une opération douloureuse, qui fait qu'elle ne peut plus parler.

Petit 3. Cette opération est la raison pour laquelle elle ne peut pas se baigner, alors qu'elle adore les bains de mer.

Petit 4. Elle aime s'habiller d'une seule couleur, car ça met un peu de peps dans sa vie, car elle sait qu'il ne lui reste que quelques mois à vivre.

Petit 5. J'aimerais bien récupérer les photos que vous avez prises. Ça me fera un bon souvenir de deux véritables pestes. Bon retour à Paris. Je crois que nous serons dans le même vol.

LA SERPILLIÈRE

Le petit moment de solitude de Sarah, 26 ans

Je dois avouer que j'ai été plutôt privilégiée, je ne me suis jamais tuée à faire le ménage. J'étais plutôt du genre gâtée. Mes parents avaient une femme de ménage et je n'ai jamais participé aux tâches ménagères. Alors quand il a fallu que je prenne mon envol et m'installe dans un petit studio avec mon premier salaire, j'ai été confrontée à des problèmes de taille : le nettoyage des sols, une expérience hors du commun pour moi. Le lino et le faux parquet étaient vraiment crados. J'ai dû utiliser pour la première fois de ma vie une serpillière. J'ai (heureusement) rapidement compris comment faire, mais très vite la serpillière est devenue noire. J'avais beau la rincer, rien n'y faisait, l'eau de rinçage était toujours couleur charbon et mon évier tellement petit que je n'arrivais à rien. C'était un vrai souci, je n'avais pas de machine à laver. Heureusement, j'avais repéré un pressing dans une rue adjacente. Je me suis pointée avec ma serpillière encore humide dans un sac en plastique.

Et là, la dame de la teinturerie me fixe étrangement, sans voix, limite interloquée. Puis elle finit par se détendre et me dit :

— Ah oui… J'ai compris ! C'est pour une caméra cachée ?

FIN

Merci à vous tous, qui nous avez inspirées :

Agathe, Caroline, Delphine, Gwenola, Marc, Véronique, Catherine, Itziar, Marie-E., Isabelle, Chrysoline, Sophie, Aurélie, Fabrice, Sonia, Éric, Ségo, Muriel, Luc, Sandrine, Benjamin, Alex, Stéphanie, Kenji, Laure, Guéno, Nathalie, Laurent, Alexia, Yves, Juliette, Michel, Axelle, Jo, Léo, Sara, Julie, Élizabeth, Hélène, Valérie, Marion, Sandra, Michèle, Stéphane, Damien, Angélique, Antoine, Nine, René, Carla, Claire, Isabelle et Rodolphe, Ghislain et Daisy, Laurence, Éric et Vincent ainsi que tous les autres… qu'on ne peut décemment pas nommer !

On a aimé écouter vos histoires. On les a changées (un peu) pour qu'on ne vous reconnaisse pas.

Mais au fond, les petits moments de solitude, c'est ça qui rend humain.

TABLE DES MATIÈRES

Achevé d'imprimer chez Corlet février 2019
Dépôt légal : janvier 2019
Numéro d'imprimeur : 155040